四特 教育系列丛书 SITEJIAOYUXILIECONGSHU

师　魂

《"四特"教育系列丛书》编委会　编著

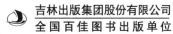

吉林出版集团股份有限公司
全国百佳图书出版单位

图书在版编目 (CIP) 数据

师魂／《"四特"教育系列丛书》编委会编著 . —长春：吉林出版集团股份有限公司，2012.4
（"四特"教育系列丛书／庄文中等主编 . 教师全方位修练）
ISBN 978-7-5463-8770-3

Ⅰ. ①师⋯ Ⅱ . ①四⋯ Ⅲ . ①中小学－教师－职业道德
Ⅳ . ① G635.16

中国版本图书馆 CIP 数据核字（2012）第 043971 号

师魂
SHI HUN

出 版 人　吴　强
责任编辑　朱子玉　杨　帆
开　　本　690mm×960mm 1/16
字　　数　250 千字
印　　张　13
版　　次　2012 年 4 月第 1 版
印　　次　2023 年 2 月第 3 次印刷

出　　版　吉林出版集团股份有限公司
发　　行　吉林音像出版社有限责任公司
地　　址　长春市南关区福祉大路 5788 号
电　　话　0431-81629667
印　　刷　三河市燕春印务有限公司

ISBN 978-7-5463-8770-3　　　　　定价：39.80 元

前　言

　　学校教育是个人一生中所受教育最重要的组成部分,个人在学校里接受计划性的指导,系统地学习文化知识、社会规范、道德准则和价值观念。从某种意义上讲,学校教育决定着个人社会化的水平和性质,是个体社会化的重要基地。知识经济时代要求社会尊师重教,学校教育越来越受重视,在社会中起到举足轻重的作用。

　　"四特教育系列丛书"以"特定对象、特别对待、特殊方法、特例分析"为宗旨,立足学校教育与管理,理论结合实践,集多位教育界专家、学者以及一线校长、教师的教育成果与经验于一体,围绕困扰学校、领导、教师、学生的教育难题,集思广益,多方借鉴,力求将问题全面彻底解决。

　　本辑为"四特教育系列丛书"之《教师全方位修炼》。

　　教师的职业是"传道、授业、解惑",教师的职责是把教学当成自己的终生事业,用"爱"筑起教育的基石,用自己的学识及人格魅力,点燃学生的兴趣,促进学生的健康、快乐成长。

　　俗话说:"教师不能半桶水。"学生专业知识水平的高低,很大程度上受老师知识水平的制约,如果教师在教学中对教材分析不透,对知识重点把握不准,要点讲解不清,那么学生听过他的课就会产生一种模糊的收获不大的感觉,因此教师只有知识广博,语言丰富,学生才能学到真正的知识。本书从新世纪、新时代经济和社会发展的要求出发,在理论与实践的结合上,对新世纪教师素质及其修养的一系列问题,做了比较全面、系统、深入的阐述。应当说,这是一项十分有意义的工作。

　　本辑共20分册,具体内容如下:

　　1.《师魂》

　　教师被人们称为"人类灵魂的工程师",担负着传授知识、传承文明、培养人才、提高民族素质的光荣任务。教师的最高境界需要"忙人之所闲,闲人之所忙",从有到无,从无到有;从看教育是教育,到看教育不是教育,再到看教育还是教育,这就是对教育的最大贡献,让人的精神世界有生机、有活力、有智慧。

　　2.《以礼服人》

　　教师要正确领会礼仪、礼貌、礼节、仪式和教师礼仪的概念,领会礼仪的地位和作用,掌握教师礼仪的原则、方法,坚持科学发展观,为构建社会主义和谐校园而奋斗。教师的一举手一投足,一颦一笑,都蕴含着教育的力量。本书从教师的个人形象、教师的服饰、教师的语言、师生关系礼仪、教师与家长沟通礼仪、同事共处礼仪、集会礼仪和社会交往礼仪等方面,系统阐述了教师礼仪的一些基本常识。

　　3.《教师的一生修炼》

　　本书将重点探讨如下诸方面的理论与实务:职业规划——自我实现的教育生

涯、如何设计职业生涯、职业发展规划行动、教师入职与离职规划、新教师角色适应规划、教师专业发展规划、校长成长规则、职场诊断与修炼、潜能开发以及享受学习化教育生活等。

4.《育人先做人》

教师是学生智慧的启蒙者,学生未来的引领者。教师的质量决定了教育的质量。教师的品质决定了教育的品位。教师人格的完善能够提升教育的水准。教育职业对教师人格提出了严格的要求:在教师自身的人格教育中不断提升自我,完善人格。人格教育是一生的工作,提升自我、完善人格会伴随一个人的一生。

5.《教育语言随心用》

本书内容涵盖了教学语言艺术和教育语言艺术训练的方方面面。从宏观综论到微观剖析,从课堂艺术到辅导艺术,从艺术对话到精彩演讲,从个性张扬到群体发展,从全体教育到特殊教育,质朴无华,内容充实,观点鲜明,为教师深入研究和准确使用教学语言和教育语言提供了可以借鉴的经验。

6.《师者无敌》

本书编写的基本理念是:从内容构架而言,以促进教师对自身职业的理解为基础,以增进教师职业人生的完善为基本目标,以启发、引导的方式来促进教师德性的自主形成;从编写形式而言,力求摆脱单一的理论说教,从当代教师职业生活实际出发,抓住主要问题,采取生动、灵活的语体形式,把精要的论述与典型的事例结合起来,注重该书的可读性。

7.《教师的信仰》

职业精神是教师不可缺失的最本质的东西。一个教师能不能成为好教师、名教师,关键是有没有职业道德,有没有职业精神。今天的教育,缺的不是楼房,而是文化与技术;缺的不是理念,而是行为与操作;缺的不是水平,而是责任和精神。教育的希望,在于教师良心的回归、精神家园的重建。只要有了良好的精神状态,我们就有战胜任何困难的勇气,就有奋然前行的动力。

8.《看透学生的心理》

学生的心理困惑从何而来?概括来说就是一"高"一"低":高,学生是个承载社会、家长高期望值的群体,自我成才欲望非常强烈;低,其心理发展尚未成熟,缺乏社会经验,适应能力较差。正是这欲望与不能之间的矛盾造成了学生的心理问题。我们编写了本书,是期望引导老师与青少年共同克服这一难题,去打开人生的成功局面。

9.《卓越教师》

突出骨干教师的培训,既是加强中小学教师队伍建设的当务之急,又是提高教师质量的长远之计。本书在编写上提倡以培养学科带头人为目标,以现代教育思想、现代教育技术、特级教师的学术报告以及当前课改的热点问题为研究内容,源于实践又高于实践,可用于骨干教师的培训教材,也可用于普通教师的自我阅读与提高,以期使教师在较短的时间内达到或接近特级教师的水准,成为学科带头人。

10.《与学生打成一片》

如何做最受学生欢迎的教师,是每个教师都要思考的问题,也是每个教师都希望的,学校的课程很多,语文、数学、英语、科学、音乐、美术、体育等等,每门学科都有自身的特点,每个学生都有自己的喜好,我们都能真正做到让每个学生都欢迎吗? 本书将教会教师怎么样靠自己的才能和高尚的品德赢得学生的喜欢和尊重,让每一个教师都能成为受学生欢迎的教师。

11.《培养教师爱岗敬业精神》

本书从教师的角度,阐述了教师爱岗敬业所带来的深刻变化,介绍了爱岗敬业的途径和方法,从勇于负责、乐于服从、热情专注、自动自发、团结协作、勤奋努力、敢于创新、节俭高效等方面,结合大量教育实例和人生哲理,向广大教师提出了爱岗敬业的崇高理念和修炼方法,希望每一个教师都能从中受益。

12.《教师职业道德与素质培养》

当前,各级教育行政部门和社会各界都非常关注师德建设,师德教育已经被列为教师继续教育的重要内容之一。本书以专题研究为主线,以典型的案例及案例分析为依托,从教师工作、生活实际出发设置情境,提出问题,突出师德教育的操作性和实效性。本书将适应新世纪对教师职业道德建设的需求,该书也适用于在校师范生以及申请教师资格者学习。

13.《教师怎样提升教学质量》

每位教师的心里都有一个美好的心愿,那就是都想使自己的教学质量得到最大程度的提高。众所周知,教学质量是一个学校的生命线,如何提高教学质量是我们每一位教师时刻都在研究、都想努力做好的一件事。想让教育不平凡的出路就在于能突破平常很容易被封闭的平庸局面。优秀的教师,会善于用智慧慢慢凿开通向教育风景的出口。

14.《教师快乐工作指导》

教师工作细致而繁琐,教师不仅要组织好各种教育教学活动,还要保证学生的身心安全。长期的忙忙碌碌、精神高度集中,教师容易出现麻木、倦怠、疲劳。为使教师们消除职业倦怠,学会快乐地生活,愉快地工作,需要多渠道支持帮助教师们进入积极健康的工作和生活状态,从心理、物质和精神上给予帮助和支持,让教师感受到集体的关怀和温暖。

15.《教师工作减压指导》

当教师很累,这已经是所有中小学教师共同的感受。中小学教师劳动强度很大,长此以往,就很容易使教师患上疲劳综合症,导致未老先衰,甚至英年早逝的恶果,对教育的可持续发展和教师队伍的稳定十分不利。中小学教师的过劳问题应当引起政府有关部门的高度重视,以人为本的科学发展观要落到实处,不要仅仅停留在口头上。作为教师,我们不要只等待有关部门的措施,必须想方设法给自己"减压",

以防被疲劳综合症缠身。

16.《教师文娱活动指南》

与家人、朋友一起开开心心利用课外时间与休息日,使身心从工作中彻底解脱出来,得到完整的休整,全面地恢复。要知道工作是永远干不完的,是没有最好的。我们需要多看到一些明天的太阳,让照亮别人的蜡烛燃烧的时间更久、更久……

17.《教师心理健康指南》

随着竞争愈来愈激烈,教师的工作节奏日趋紧张,容易产生巨大压力,精神上和身体上的超负荷状态对健康是非常不利的。如果不注意休息和调节,中枢神经系统持续处于紧张状态,会引起心理过激反应,久而久之可导致交感神经兴奋增强,内分泌功能紊乱,产生各种身心疾病。本书力图从教师职业发展的实际需求出发,以必要的理论引领与生动的案例分析相结合,突出专业性、应用性、操作性、可读性,可为广大中小学教师培训、自学提供借鉴,也可为高校相关专业的学生的学习、研究提供参考。

18.《教师怎样进行教学改革创新》

立足素质教育的学理,探析课堂教学的变革,反思课堂教学实践,重新审视素质教育理论,在实践和理论的互动中探讨我国教育的现实与未来。

19.《从历代名著中学习教育思想》

撷取世界知名教育家在世界教育史上具有重大影响和学习价值的教育名著进行选读。每位教育家及其著作均有作者简介、成书背景、内容精要、名著选读等内容。本书结合这些教育名家的成长经历,阐述了不同名著的理论内容和实践特色,批判继承了中外历史上进步的教育思想,对于提高读者的教育理论素养,提升教育工作者的教学水平和创新能力具有一定的借鉴意义。

20.《向教育名家学习教育智慧》

着重介绍当代教育家的教育思想。中国是一个教育大国,理应对全人类的教育作出自己的贡献。在两千多年的历史文明进程中,中国也确实不断为世界教育的进步贡献自己的教育思想、教育制度和教育智慧。中华人民共和国成立以来,尤其是改革开放以来,中国教育发生了深刻变化,取得巨大成就,同时,也不断涌现出新的教育思想、新的改革成就和新时代的教育家。我国一大批教育专家学者上下求索、大胆实践,为教育发展出谋划策,为教育改革殚精竭虑。他们的学术思想和教育实践直接推动了我国的教育改革与发展,并将对今后的教育实践与研究产生深刻影响。

由于时间、经验的关系,本书在编写等方面,必定存在不足和错误之处,衷心希望各界读者、一线教师及教育界人士批评指正。

作者

目 录

第一章

正确认识素质教育

教育的文化功能

打开《现代汉语词典》，"文化"主要指：①运用文字的能力及一般知识；②人类在社会历史发展过程中所创造的物质和精神财富的总和，如文学、艺术、科学等。显然，教育内容乃是人类文化创造的成果，人类文化的传递、继承和弘扬主要是仰赖教育。

当今任何一个国家的教育水平，首先要和两个数字相联系：一是适龄儿童少年入学率有多高，二是文盲还有多少。意指适龄儿童少年应该入学接受教育，掌握运用文字的能力及知识经验，进而去学习文学、艺术、科学等方面文化知识；文盲是社会不文明的表现，在一个文盲众多的国家里是建设不成现代化的。早在 20 世纪 70 年代中期，邓小平同志就针对当时科技与教育的形势，尖锐地指出："一点外语知识、数理化知识也没有，还攀什么高峰？中峰也不行，低峰还有问题。"因此，要实现我国的四个现代化，必须提高国民的科学文化素质，大力发展教育事业。可见，教育的首要职能是传播文化，促进社会的文明。

"文化"与"文明"，有时是两个概念，前者更强调民族性，后者则强调全人类性；有时又可以看作同义词，这两个词可以互用，不必加以区分。教师职业的价值，正是把人类所建构的一切文化成果，都用来培养合格的人才，创建人类的文明。

1. 教育文化功能的价值所在

文化由教育去传播，才引出教育文化功能的具体表现。

首先，教育可以保证人类延续并促进人类的发展。人类一代又一代地延续着，这里靠什么作为中介与载体？靠文化。文化是一种社会规范的体系，也是人类生活和生产经验累积的综合体。人类要延续发展，新生一代首先要学习前人的经验，即学习生活的知识、生存的技能、生命的意义，以适应既有的生活条件和生产关系。教育正是适应人类延续发展的需要而产生的，它是传递社会生活知识、生产劳动技能和人类文明准则，实现老一代与新一代接续的专门工具。通过这种工具，不仅把老一代所积累的生活方式和生产经验传授给新一代，而且把一定的物质和精神成果传递给新一代，使他们能更好地协调人与自然的关系和人与人的关系,以促进社会的和谐发展。

其次,教育可以继承、弘扬文化遗产。在日常教育中,我们经常接触到一句话:"继承与弘扬中华民族的优秀文化遗产",其含义十分深刻。它在一定意义上启发我们,教育固然要受文化发展的影响,来决定其自身的目的和内容,但是,教育对文化的继承、繁衍、弘扬和创造,是深具影响的。教育的存在,使前人的物质文明和精神文明,能够一代又一代地传承下去;教育的作用,使我们对已有的文化,能去粗取精,去伪存真,扩展充实,发扬光大,使"继承与弘扬中华民族的优秀文化遗产"落实到"优秀"二字上;教育的影响,使我们对前人累积的经验体系,能赋予加工改良、推陈出新、超越现状,表现出创造性。

最后,教育可调节文化适应性的强弱。在一定社会里,从外部引进不同的制度和文化,社会同这种异文化的接触是整体性的,又是持续和直接的,并给本身的文化形态带来某些变化,这就叫文化适应。在不同社会文化的传播中,不适应或抵制现象是正常的。对文化的适应程度,取决于占一定统治地位的价值导向,而对这种导向维护还是反对,往往由教育所决定。英国人在香港统治了一百多年,但香港占主导地位的文化还是中华民族的文化。这是为什么?因为在香港近百年的教育内容中,尽管英国殖民主义教育占相当大的比重,但香港教育界志士仁人的奋斗,使儒学占主导地位,即使在天主教办的学校里,我见到的德育课本《新民》《修身》《探索》《群居》《蜕变》《成长》居然也以儒家思想为主体。由此可见,各社会和各民族各自有其文化的重点,不论精神的或物质的,文化适应集中于人们日常最为关心的文化之中,教育的结果,可能抵制外来的所谓"异文化"的影响,也可能使异文化代替本文化,还可能使两种文化相互融合,形成新的统一的文化。

2. 根据文化功能对实施素质教育的思考

针对教育的文化功能,我认为实施素质教育必须立足于以下两点:

第一,要以课堂教学为主渠道。课堂教学是学校的基本组织形式,学生在校的80%以上时间是在课堂中度过的,教师传播文化和文明,主要通过课堂教学的形式来实现。课堂教学又是贯彻国家教育方针和实现教育目标的基本途径,教师按照明确的教育方针和教育目标,在课堂里传授科学文化知识和技能技巧,使学生获得知识,形成技能,发展智能,增强身体素质,提高思想道德水平。可以说,形成某种素质也是在课堂教学中完成的。因此,任何学校的教学都不能忽视这个主渠道,离开了课堂教学,就没有实质性的素质教育可言。为此,我建议应加强课堂教学的研究,从素质教育的内涵来分析课堂教学的目标和体系;深入改革教学内容和方法,尤其要加强教材、课程设置、评价体系和考试等方面的改革。有教学必须有考试,考试是一种评价手段,但不是唯一的评价手段。因此,我们绝不能把分数和升学率作为衡量一个学校办得好坏的唯一标准。只有这样,才能顺利地推行素质教育,并真正地提高教学质量,减轻学生过重的负担,还给学生应有的欢乐童年、少年和青年期。

第二,全面抓好各级学校的建设。重点学校,尤其是重点高中应该办好。首先,创办重点学校是世界文化事业中的共同趋势,在国际教育界,它被作为因材施教的体现;其次,目前我国的重点学校,特别是具有悠久历史的重点学校,在传播社会文化和文明建设中都有不可估量的影响,普遍有一定传统和特色,它为我国办好普通学校提供了宝贵的经验;再次,重点学校的提高与普通学校的发展是密切联系的,重点学校与普通学校不是一成不变的,应该是滚动式的发展;最后,重点学校的基础是高质量、高水平的教师与领导队伍,在为社会培养人才方面,往往与追求一流人才的培养相联系,形成那种"名师出高徒"的局面。在办好重点学校的同时,更应关心其他各类普通学校的建设,特别是要扶持基础薄弱的学校。各类学校都在传递人类文化和社会文明,我们应该做到将培养高层次的人才和提高全体劳动者素质的任务相统一,即使是重点学校,也是在承担培养劳动者的任务,所以要关心各类学校的人才培养,因为教育的终极目标是不断培养各类人才。为此,我建议要全面抓好各类学校的建设和研究,并做到"不求人人上大学,但求人人成人才",这样才有利于教育文化功能和社会功能的发挥。

教育的经济功能

一定的教育是一定经济基础的反映,又为一定经济基础服务,教育与经济有着密切的联系。邓小平同志指出,"实现社会主义现代化,科技是关键,教育是基础"。"科教兴国"的伟大战略,集中体现了教育在经济建设中的地位和作用。教师职业的价值，正是在科教兴国中，为经济建设培养各行各业的人才：科学家、工程师、医生、律师、农学家、企业家以及工业、农业、商业的劳动者等。

历史告诉我们，一个国家的经济腾飞，必须抓教育改革，特别是基础教育的改革。日本明治维新就是从教育做起，使日本走上富国的道路。从明治维新到现在，日本一共搞了三次基础教育的改革。第一次是明治维新后不久的教育改革，使日本从一个落后的农业国变成强大的工业国。第二次教育改革发生在 1945 年。当时日本是战败国，人均年收入只有 20 美元，到 1972 年已达 1200 美元，增长了 60 倍。不少日本学者评论基础教育改革是"一本万利"的大事情。从 1973 年至今掀起的是第三次教改高潮，目的是使教育适应于电子工业的发展。日本国内资源少，缺乏发展的原料（如煤、铁矿、石油等），但日本的工农业总产值却比我国要多。其根本原因，就是抓了科学技术与教育的现代化，重视教育的经济功能，关心人才的培养。

经济学强调人是社会生产力诸要素中最活跃的要素，因此抓住人、开发人，就抓住了社会生产力的关键。而教育最终的目的是为了"正德、利民、厚生"，也就是说，通过教育，端正人民的品德，教会人民有用的生产劳动技能，提高社会生产力，促进经济发展，改进人民的生活。

1. 教育经济功能的价值所在

在古代社会，人们接受教育可以获得一技之长作为谋生的手段，而在近现代社会中，教育除了传递传统知识、经验和文化的学习外，还要兼顾职业生产知识的传授，使教育为经济发展培养人才。尤其是今天，教育在全世界的发展正趋向先于经济的发展，这在人类历史上大概还是第一次。教育的经济功能具体地表现在：

首先，教育可以提高劳动者的素质。任何社会生产都不可能没有劳动者产生的劳动力。劳动力要在生产中发挥能动和主导的作用，必须具备一定条件，这里，主要的条件来自教育。尤其是当代，脑力劳动的作用日益重要，在整个劳动中所占的比重日益增大，特别是科学技术水平迅速发展，体力劳动和脑力劳动逐步趋于接近和融合，预示着社会生产力有更大的发展。只有正是教育，才能迅速提高劳动者的文化技术水平，提高他们的素质。

其次，教育可培养经济发展所需的人才。教育的重要功能之一是为经济结构服务，并为其培养所需的人才，这种人才的水平是随社会经济制度变革而发展的。近百年来，教育发展转向普遍重视技术职业教育，尤其是在今天，进入信息化时代，超工业或后工业时代，教育更是为现代化经济提供人才。增强国力就期望要增加科技人员，这就要靠教育。

再次，教育可促进经济的发展。教育的传统观念一直认为教育是一种"消费"，现代观念则认为是一种"投资"。现代经济学的一个重要观念叫做智力投资的经济效果，讲的是人才培养过程中劳动消耗与所得成果之间的比较，即教育的"投入"与"产出"之比。可见现代经济学十分重视教育能否促进经济发展的问题。《中国大百科全书·经济学》(1988)指出：教育投资经济效果的提高可以分为宏观的（全国范围内）、地区的（一定范围内）、微观的（具体的教育单位）三个层次。一般地说，教育的投资与经济的发展成正比。例如，上述的日本"一本万利"的事实可以说明问题。又如，美国的资本对经济发展的贡献仅占 12.5%，其余 87.5% 则来自技术的改变，而技术的改变，主要来自教育的力量（索罗，Robert Solou, 1970），这就是美国 20 世纪 70 年代后提出"知识经济"的由来。今天，人们用知识经济来表示现时代或即将到来的时代经济的特征。也就是说，改变世界面貌和人类生活的重大高科技产业化将在未来 30 年全面实现，人类社会将逐步进入知识经济时代。所谓知识经济，意指建立在知识生产、分配和应用之上的新型经济。在知识经济形式中的主体是知识，这又反映出教育在经济发展中的地位。

最后，教育可提高人民的生活水平。近年来，在经济发达的国家里，经济学家除了重视国民经济发展中的"量"的增长之外，更重视国民生活上的"质"的改善。人民生活水平的高低，拥有财富的多少，都是以国民经济发展为条件的。邓小平同志指出："在社会主义国家，一个真正的马克思主义政党在执政以后，一定要致力于发展生产力，并在这个基础上逐步提高人民生活水平。"而国民经济发展又与教育功能有着密切的联系，所以教育的一个重要功能是提高人民生活水平。今天，我们提出经济发展三步走策略，不论是奔小康还是赶上发达国家水平，都要将发展教育摆到头等的战略地位。

在讨论教育经济功能的时候，必然涉及教育是否存在"商品"功能的问题。社会上，包括教育理论界有些人提出，在市场经济条件下，教育本身也是"商品"，学校是"市场"。要深化教育改革，就要"把教育推向市场，面向市场，按经济规律办学"。对此，我持保守的态度。我认为，在市场经济条件下，教育有其自身的特殊性。科技是第一生产力，可能形成科技产业。但是"科技是关键，教育是基础"，新的生产工具，还需要教育培养出来的人来操纵。有义务教育，没有义务科技。义务就不是商品，许多国家都强调让每个公民享受平等受教育的权利。因此，不能笼统地谈教育产业，可以把科技推向市场，但不应该让基础教育走向市场。在义务教育阶段，把中小学教育视为商品是很不应该的。

2. 根据经济功能对实施素质教育的思考

针对教育的经济功能，我认为实施素质教育中，必须坚持多级教育分流，即人才分流的观点：

初中分流。《中华人民共和国义务教育法》规定，"国家实行九年制义务教育，省、自治区、直辖市根据本地区的经济、文化发展水平状况，确定推行义务教育的步骤"。因此，应该按照不同经济区域学生学习状况和毕业生的去向，在保证抓好"九年义务教育"的前提下，实行分流。多数地区初中学生按教学大纲进行普通初中教育；少数经济条件差的地区，特别是农村，要求初中学生除了达到教学大纲最低标准之外，实行半工（农）半读和职业初中教育，着重掌握农业知识，使初中毕业生有一技之长，为发展当地经济服务。

高中分流。有普通高中、职业高中、职业中专和技工学校，应该大力发展职业技术教育。如果有条件，在我国，高中阶段在校生最好占同龄人总数的50%；而各类职业技术学校在校学生数也应占高中阶段在校生总数的50%。

高三分流。普通高中，到高二结束时加以分流。想升学的按原计划授课准备参加高考；不想升学的学生按社会需要参加专业技术班，学习一技之长。因材施教，各得其所。这种分流的观点和做法，由我们的实验点北京通州区二中王润田校长首先提出，并率先进行实验，目前已取得良好效果。

高校分流。到高等教育阶段，既有普通的综合大学，又有职业的技术院校等。

总之,我国应该根据不同地区的社会经济发展水平,社会职业分工对不同层次劳动者的文化知识、技术水平的要求,实行出现时间有早有晚、次数有多有少的教育分流,以培养社会经济发展所需要的各级各类人才。我认为这样做,能实现江泽民同志提出的"既有利于学生的分流,又能满足当前经济社会发展的多方面需要"。

教育的政治功能

教育与政治的关系,从来是十分密切的。我国自古以来,都重视"政教合一"的思想,即强调治国必须先由教育做起,所谓"化民成俗,其必由学乎",指的就是教育的政治功能。教师职业的价值,正是与治邦兴国的政治联系在一起,治邦兴国的政治与能否尊师重教密不可分。荀子曰:"国将兴,必贵师而重傅;贵师而重傅,法度存。国将衰,必贱师而轻傅;贱师而轻傅,则人有快;人有快则法度坏。"

1. 教育政治功能的价值所在

教育政治功能集中表现在教育要为巩固一定社会的政治制度服务,成为国家的政治手段。因此,一个国家提出教育为本国的一定政治服务的口号、方针或策略,是客观的、科学的。

首先,教育可传播政治意识形态。政治意识形态是一个国家按照一定的政治理论而确定的意识形态。任何一个国家的政治,都是社会权力的分配和运用。要巩固国家政权,就要重视教育,向人民传播政治意识形态,以培养共同的信仰、政治观念或民族意识。历史上不少国家的建国和复国,都是运用教育手段,以人民的信仰、民族意识为前提,进而达到建立政权和巩固政权的目的。在我国教育史上,从孔夫子到孙中山,主要弘扬的是儒家的政治思想。1949 年以后主要宣传的是马克思主义、毛泽东思想、邓小平理论和"三个代表"。我相信,每一位老师,都为传播党和国家的政治意识形态做过努力。通过教育,以此作为我国人民一种共同的理想和追求的目标。

其次,教育可以培养各级各类政治领导人才。政治的核心问题是国家政权问题,即治理、管理国家需要各级各类政治领导人才,这些人才虽然需要政治实践的锻炼,可是他们离不开各级各类教育,特别是基础教育和专业训练。从这个角度上说,不管是谁,不管他们的职务有多高,都曾经是学生,受过教育,教育培养出了各类治理国家的政治人才。

再次,教育可振兴国家和民族。教育是国家的立国之本,国家的兴亡通常与教育发展有着密切的关系。历史上有过"教育救国"的故事,例如 1806 年第一次普法战争,普鲁士在失败中抓教育,终于在 1820 年第二次普法战争中打败了法国,普鲁士统帅摩奇将此功归于学校的教师,这就是教育史上"教育救国论"的来历。1995 年 2 月,日本关西大地震,伤亡空前,但社会秩序井然有序,使人难以置信,原因主要来自受高水平教育的国民素质。我国于 1994 年 9 月 6 日颁布了"爱国主义教育实施纲要"文件。爱国主义是中华民族的光荣传统,是推动我国社会前进的巨大力量,是全国各族人民共同的精神支柱,也是我们培养有理想、有道德、有文化、有纪律的一代新人基本要求。爱国主义来自教育,从这个意义上说,爱国主义靠教育,振兴中华靠教育。

从次,教育可增进国家的法制建设。国家的法制建设要靠教育来实现。教育固然要培养法学人才,但一个国家的法制建设更重要的是依靠法制教育,提高人民的法律意识。法制教育是传播法律的基本知识、法律意识和守法习惯的教育,是学校德育的一个重要组成部分。

最后,教育可增强国际友好关系。教育的政治功能,不仅表现在要为巩固国内一定社会政治经济制度服务,而且表现在国际上要为增强国际关系服务,所以我国的德育内容中就包含着国际主义的教育。也难怪第七届天才儿童(含青少年)与天才教育大会(1987)特别强调指出,天才教育的一个重要目的,在于使天才儿童青少年在制止核武器、反对核战争中表现出超常的才能来。可见教育的力量可教化人心,揭露战争的危害,避免战争、维护和平、建立友好的国际关系。

2. 根据政治功能对实施素质教育的思考

针对教育的政治功能,我认为实施素质教育,第一位的是解决如何做人的问题,所以必须重视德育工作。

德育是学校对学生进行政治教育、思想教育、道德教育、法制教育和心理健康教育等方面的总称。我们必须坚持这样的观点:德育为一切教育的根本,是教育内容的生命所在;德育工作是整个教育工作的基础。我也同意这样的观点:诸育只有以德育为首,才能应运而生,才会有其价值。德是米粒中的胚芽、果核中的仁,也就是生机。具体内容将在十一章中探讨。素质包括方方面面,排首位的是思想道德素质。不管在哪方面成才,其前提是品行,是道德,是人格。所以,德育工作是实现教育政治功能的根本途径,应该承认和正视当今儿童青少年思想道德滑坡的事实。

为此,我建议加强德育实施性的研究,并提倡:当前的德育工作,在目标上,应该把重点放在培养信念和习惯;在内容上,应该改革现行德育教材,教材内容有可读性,要适合学生的年龄特征,有针对性;在手段上,应该突出感情的投资,做到"动之以情"。

教育的社会功能

社会是由共同物质条件而互相联系起来的人群,是由一定经济基础和上层建筑构成的整体。社会的发展,离不开物质文明与精神文明,而两个文明建设必然是由教育来传播的,这就构成了社会与教育之间的关系。教师职业的价值,正是为社会发展服务,教育既是社会生活的反映,也是适应这种社会生活的工具。深入分析当前社会,特别是中国社会与教育之间的关系,迎接知识经济的挑战,帮助学生完成社会化,促进适应于社会主义经济发展需要的人才的成长。

1. 教育的社会功能的价值所在

教育目的之一在于培养人为社会发展服务,这是教育社会功能的集中表现。

首先,教育可促进社会的发展。教育根据社会发展的需要培养人才,新的一代正是在教育的影响下,获得上述的知识、经验和文化,增强体力、智力、能力,提高思想道德水平,以与社会发展相适应,并成为社会建设和变革的积极因素。从根本上说,科技的发展,经济的振兴,社会的文明,乃至整个社会的进步,都取决于教育所培养的人才。因此,必须坚持把发展教育事业放在突出的战略位置,以此维护和推动社会的发展。

其次,教育可帮助社会选择人才。社会进步的程度,与社会成员的受教育程度有直接关系。当社会需要一定的生产力的时候,就根据受教育的程度来选拔人才。因此,人们往往通过接受教育来实现社会地位的变迁,即社会流动。所谓社会流动,原是社会变迁的一部分,指在开放社会中,各阶层的社会成员之间,所产生的一种相互流动现象。由较低社会阶层向上流动到较高社会阶层者,称为"向上社会流动";由较高社会阶层流动到较低社会阶层者,称为"向下社会流动"。由于教育的选拔功能,社会根据教育程度来选拔人才,所以教育成为决定社会阶层及导致社会流动的一个重要因素。

最后,教育可以帮助个体社会化。教育的对象是个体,教育的过程,也是教育个体社会化的过程。社会化是个体掌握和再现社会经验、社会联系和社会必需的品质、价值、信念以及社会所赞许的行为方式的过程。社会化的过程,正是在一定社会环境中,个体通过接受教育而在生活和心理两方面的发展,形成适应社会的人格并掌握社会认可的行为方式的过程。社会化过程包括学习、适应、交流,人类个体借以发展自己的社会属性、参与社会生活的一切过程。人类在社会化的过程中,学会基本技能,掌握社会规范,确立生活目标,形成社会职能,扮演社会角色。教育帮助受教育的个体社会化使有些社会化过程在青少年阶段,即在接受中小学教育就可完成,这叫青少年的社会化;有些社会化过程贯穿于个体的一生,这就是成年人的继续社会化和再社会化。虽然,个体社会化的过程,也要受到教育之外因素的影响,但教育是一种最好的个体社会化的工具,学校正是一个最佳的实施社会化的机构。

2. 根据社会功能对实施素质教育的思考

针对教育的社会功能,我认为实施素质教育中,必须提倡社会实践教育,并建议加强社会实践教育的研究,使学生学会生活、学会生存、学会创造、学会适应、学会竞争、学会关心。

社会实践教育指利用社会实践活动有意识、有目的、有计划地对学生进行教育的教育方式。通过组织学生参加社会实践活动,教育者可以有意识、有目的、有计划地进行各种教育与训练,把教育要求转化为学生的行为,达到培养人、有益于人的身心发展的目的。

在社会实践教育中,首先要抓的是生产劳动教育,以增强学生的劳动观念,培养正确的劳动态度,养成良好的劳动习惯,形成好的劳动素质,获得一定的生产劳动的基本知识和技能。当然这种知识技能,不应当是单一的专业性东西,而是适应许多生产部门基础性知识、技术和能力,并将这种知识、技能与学生课堂所学的学科知识相结合。其次要抓社会锻炼,例如,组织学生参加军事训练、社会调查、社会公益活动和社会交往,等等。就在社会交往的实践中,引导学生豁达相处,培养和谐融洽的人际关系,发扬敬业乐群的精神。再次要抓校外教育机构,开展以普及科学知识、增强动手能力、培养良好品德、增强身体健康、发展艺术才能和其他爱好为主的教育。最后要强调艰苦奋斗的教育,艰苦奋斗是中华民族的光荣传统,是我们文化的精华。艰苦奋斗不仅有利于克服学生中存在的拜金主义和享乐主义思想,而且有着内在的迁移作用,即生活上的艰苦奋斗可以转化为学习和工作上的踏实勤奋。所有这一切,其目的在于配合学校促进学生素质的全面提高,弥补学校教育和家庭教育的不足。

教育的个体发展功能

　　教育的对象是每一个个体的学生,因此,其任务之一就是要坚持不懈地在全体学生的发展上下工夫。教师职业的价值,正是体现在一个个学生心灵的升华上,教师的教育像涓涓的流水,滋润着每个个体的心田,从而实现教育的个体发展功能。

　　1. 教育个体发展功能的价值所在

　　教育对受教育者个体来讲,具有发展个性(或人格)的功能,使人的体力、智力与能力、性格和品德等都获得充分的发展。

　　首先,教育可增强人的体质。体育是教育的一个重要组成部分。体育的意义在于促进学生身体的生长发育,增强学生的体质是学校体育的根本任务。同时,体育锻炼是大脑皮质兴奋与抑制的活动过程,体育锻炼可以增强学生神经系统的发育,青少年是生长发育的关键时期,体育锻炼使学生具有健壮的体魄、全面的体能、坚强的意志、对自然环境的适应能力,使学生掌握运动的知识和技能,从而养成自觉锻炼身体的习惯。在学生时期接受体育教育,将终生受益,体育是增强人民体质的基础。

　　其次,教育可发展个体的智力与能力。智力与能力同属于个体的范畴,即它们都是成功地解决某种问题(或完成任务)所表现的具有良好适应性的个性心理特征。对于这个定义,我们在下边设专章(第五章)展开论述。个体智力与能力的发展,固然有其遗传的因素,但主要还是来自后天环境的影响,特别是教育的主导作用。作为生物前提的遗传因素只是提供智力与能力发展的可能性,而环境和教育则把这种可能性变成智力与能力发展的现实性。环境和教育在智力与能力发生、发展上起决定作用。环境条件对人,尤其对学生的智力与能力发展的决定作用,常常是通过教育来实现的。我们曾用近20年时间研究了教育和学生心理能力即智力与能力发展的关系,且出版了专著。

再次,教育形成人的一定性格。性格是一个人对待现实的稳固态度以及与之相适应的行为方式的独特结合。性格在人的个性中起核心作用,它是构成人心理面貌的一个突出的、典型的方面。这种主体对现实的态度体系和行为发生标志着人的个性或心理面貌的本质特点。例如,一个人对待周围人们的直率或拘谨、诚实或虚伪;对待困难表现出来的坚强或软弱;面临险境时表现的勇敢或懦弱;对事业积极负责或消极懒惰;等等,都是性格的表现。知道了一个人的性格,就可以预知在什么情况下,他将怎样行动。性格是人在生活实践中,在不同环境的相互作用中形成的,最初对性格形成起着重要作用的是家庭,这种作用主要是通过一个儿童在家庭所处的地位和家庭成员对其影响和教育而实现的。接着是学校的作用,学校不仅对学生性格的形成和定型起着重大的影响,而且对改变他们已经形成但未定型的性格也起着至关重要的作用。个体性格一般在高中定型,从这里能够看到学校教育的重要性。

最后,教育可以培养人的良好品德。与人的智力与能力发展条件一样,教育对学生良好品德的发展也起着主导作用。这种主导作用主要体现在两个方面,一是教师对学生品德施行有目的、有计划、有系统的影响,良师才能带出品德高尚的学生。二是学校集体是教育起主导作用的组织形式,这个集体以"从众"和"社会助长"的作用方式,使个体在认识或行为上由于集体的、舆论的压力,往往不得不同大多数人一致,个体在众人面前从事某种活动而提高效率。为此我们曾花许多精力研究了教育与品德发展的关系,也有专著出版。

2. 根据个体发展功能对实施素质教育的思考

针对教育的个体发展功能,我认为实施素质教育的重点应抓好两个方面:一是全面落实党的教育方针,使素质教育面向全体,提高全体学生的全面素质;二是推行以创新精神为核心的素质教育。

第一，坚持"全面发展，学有特色，因材施教，发展个性"的观点，已成为共识。正因为如此，北京市教育局在 1993、1994、1995 三年中评出的 15 所"学有特色"的中学，其中 4 所是我们的实验点。全面发展既指人的体力与智力的充分发展，又指德、智、体、美、劳等诸方面的发展。要促进人的全面发展，就要在德、智、体、美、劳等诸方面实施教育，这种教育的内容是统一的，并且是和谐的，这种教育的对象——学生个体的发展是全面的，并且也是和谐的。全面发展是教育的目标，我并不反对应试，更不反对考试，但今天我们也应该由片面追求升学率转向素质全面发展的教育。这个转向，要涉及学校教育、家庭教育和社会教育的协调问题；要涉及教育思想、教育内容和教育方法的更新问题；要涉及学制、课程和教学组织形式的改革问题；等等。总之，发展素质教育是一种教育观念更新的表现，它的目的在于造就全面发展的一代新人。正因为其的重要性，我们围绕着"教育与发展"，对其进行了 20 多年的探索，且在全国各地铺开实验。早在 20 世纪 80 年代末和 90 年代初，我们曾多次说明这么做的理由：在一定意义上说，我们的研究力图为提高我们的民族素质尽一份力量。我们认为，提高全民族的素质，这是振兴中华之本。而为提高全民族素质而贡献力量，这应是中国教育工作者（包括理论工作者和实际工作者）义不容辞的义务和责任，这也是我们课题组成员的共同心愿。然而，全面发展绝非把人培养成"多面手"。在人的思想品德发展中，总是"人无完人"的，在智力与能力发展中，也存在着明显的个别差异。在学生发展中，我们主张：既鼓励"冒尖"，又允许"落后"。当然，这种"落后"并不等于教师不管，恰恰相反，我们十分重视对暂处后进的学生进行有的放矢的引导和帮助。在教改实验中，我们提倡从实际出发，因材施教，既允许极个别尖子跳级，又防止个别生"滑坡"；既有针对性地从学生实际出发发展各人的特长，又力争不让实验班的任何学生留级，使他们全面发展、学有特色、凸显个性、学有专长。

第二，培养和造就创造性人才。今天，我们实施的素质教育，是一种以创新精神为核心的素质教育。这是来自知识经济发展的需要，时代要求把创新精神或创造性的培养作为素质教育的一个核心问题。实施科教兴国的一项重大措施，就是应该培养和造就高素质的创造性人才。培养和造就创造性人才，这是国际学术界与教育界关注的问题。

我们在第五章将专门探讨创造性的实质及创造性人才的表现。相对论的发明者爱因斯坦，裸体雕像《大卫》的塑造者米开朗琪罗，《命运交响曲》的创作者贝多芬，《红楼梦》的作者曹雪芹，《本草纲目》的编著者李时珍，无疑都是创造性的典型。然而，有创造性的并非都是这些"大家"、"大师"或"巨匠"。幼儿就有创造性的萌芽，小学生也有明显的创造性表现，中学生在学习的同时不断发展着创造性。这一点，已被我们的实验研究所证明。青年（18～35岁）是创造性发展的关键时期，中年（35～60岁）人则到了创造性的收获季节，在30多岁时达到高峰，综观世界科学技术发展史，许多科学家的重要发明创造，都是产生于风华正茂、思维最敏捷的青年时期。培养和造就创造性人才的关键在于教育。在实施素质教育中，如果我们培养的小学生的创造性比别人多一点点，到中学又是多一点点，进大学还是多一点点，说不定这多一点点创造性的学生迈入青年期就是一些发明创造者。何况，在进入知识经济时代，即使不是发明创造家，在工作和劳动中，多一份创造性总比少一份创造性要好。这就是今天在实施素质教育中一个重大的课题。

创造性人才的培养和造就，要靠创造性教育。创造性教育应该在日常教育之中，并不是另起炉灶的一种新的教育体制，而是教育改革的一项内容。所谓创造性教育，意指在创造性型的学校管理和学习环境中，由创造型教师通过创造型教学方法培养创造型学生的过程。这种教育不需设置专门的课程和形式，但必须依靠改革现存教材、内容、课程设置和评价体系来实现。这里除了学校校长与教师之外，应该在实施素质教育中大力提倡创造性学习。早在1985年我曾以《中国青年报》（1985年3月10日）特约评论员的名义为大连铁道学院一名四年读完学士和硕士的学生写了一篇评论，其中有一段话："学习有两种，一种是重复性学习，另一种是创造性学习……创造性学习就是不拘泥、不守旧、打破框框，敢于创新……创造性应看作是学习中必不可少的一环"。发达国家的中小学提倡学生创造性学习，日本于20世纪80年代初提出要重视创造性的研究，并把从小培养学生的创造性，作为日本的教育国策而确定下来。为此，我们应少搞一点题海战术、死记硬背，多搞一点创造性教育，应大力改革考试内容与方法，尤其是高考。这成了能否实施以创新精神为核心的素质教育的关键，考什么，出什么题，都要以突出创造性为前提。

以上，我们尽管也讨论了如何正确认识素质教育的问题，但我们主要还是在论述教育功能。从上述的教育功能中，可以看到教师的职业价值所在。是教师的职业，产生了教育的职能，形成了教育的功能，并在文化、经济、政治、社会和个体发展诸领域发挥了作用，因此我们可以毫不羞愧地接受一种荣誉："教师，是人类灵魂的工程师！"因此，教师在社会上应该是令人羡慕的职业。

尽管我们不需要所有的人都来认可这个结论，但是教师的使命永远是神圣的，所以教师的职业应该是受人敬重的。"百年大计，教育为本；教育大计，教师为本"。教师是人类灵魂的工程师，这个职业是崇高而艰辛的，应当受到全社会的尊重。

教师的职业理想

教师的职业理想是其献身于教育工作的根本动力。动机因素是一切行为的发动性因素，这对教师的教育教学工作来说也不例外。教师要干好教育工作，首先要有强烈而持久的教育动机，有很高的工作积极性。很难设想一个对教育工作毫无兴趣的人，一个见到学生就心烦的人，会努力做好教育教学工作。目前我国教育面临的最严重问题之一就是，如何增强教师的事业心，强化教师的职业责任感，提高教师的工作积极性，使其成为当前教育改革的一个原动力。我们将这种事业心、责任感和积极性称之为教师的职业理想，这也就是我们平时所说的师德，即教师的职业道德。

师德主要表现为"敬业爱岗、热爱学生、严谨治学、为人师表"，它是我们教师"责、权、利"三方面的集中体现。从"责、权、利"三个要素来看：责，意味着我们承担着一定的社会责任，即全心全意地为学生服务；权，教师调动、影响新的一代的积极性，决定着他们的素质高低；利，教育这种职业劳动，为社会培养文化、经济、政治所需要的人才，教师的利益是与社会整体、国家利益以及服务对象——学生的利益三者紧密地联系在一起的。能否培养出国家的优秀人才，这是衡量师德的重要标准。所以忠诚教育事业是教师的"责、权、利"三者的集中体现。围绕着这种事业的师德敬业爱岗，突出三个特点，即敬业意识、乐业意识、职业规范意识。师德的实质就是教育事业的"业"字，师德体现的正是对教育事业、教育岗位及其社会地位的认同、情感和行动。

1. 敬业爱岗

敬业爱岗反映我们教师热爱祖国、热爱人民、忠于人民教育事业的崇高理想，并围绕着这种理想的教师职业道德，拥有敬业意识、乐业意识、职业规范意识。师德的实质就是教育事业的"业"字，我把它称为"师业"。敬业爱岗有着十分丰富的内涵和外延，具体表现在四个因素上：

一是热爱教育事业，热爱本职岗位。任何一个职业都有一个敬业爱岗的职业道德，然而，教育是一个特殊的职业，除了其作用与地位确实有令人羡慕的一面之外，还有使相当多教师深感困难的一面。教师面临着与一般职业不同的种种困难，是造成教师流失现象的原因，也是滋长新的"家有三斗粮，不当孩子王"观念的根子。然而，我们绝大多数的教师都热爱教育事业、热爱自己的学校、热爱本职的工作，坚守在自己的三尺讲台旁，这就是师德。

二是献身于教育工作的职业理想。教师的职业理想是其献身于教育工作的根本动力。为什么优秀教师能几十年如一日，坚守教育岗位，潜心教书育人？最近我参加教育部师德报告团，认识了江西省九江市永修县杨林镇黄岭村小学太阳山教学点邹有云和湖南省郴州苏仙区塘溪乡大瑶山马垅小学盘振玉两位老师，他们坚守在边远贫困地区，创造出令人感动的业绩，这不是偶然的，也不可能出自什么冲动，而是源于他们献身于教育工作的职业理想。正是这种职业理想赋予了他们矢志不移，坚守教育岗位，战胜一切困难，努力实现自己人生目标的力量和勇气。增强教师的事业心，强化教师队伍的职业责任感，提高教师的工作积极性，成为当前进一步树立教师职业理想的重要内容。

三是教书育人、培养人才。教书育人是指教师在传授文化科学知识的同时，培养学生良好的思想道德，也就是说，教师通过教书，培养德、智、体、美全面发展的人才，成为社会主义建设者和接班人。教书育人，是我国优良的教育传统，唐代的韩愈在其《师说》中强调的"师者，所以传道授业解惑也"，意指教书与育人的统一。教师固然要教好书，但应该把育人，即教学生做人放在首位，这是师德的一项重要任务，因为教师只有切切实实担负起既教书又育人的双重职责，他们才能学做经师,争当人师。

四是辛勤耕耘,奉献精神。献身于教育工作的职业理想,必然促使教师自身拥有高尚的道德品质、渊博的专业知识、高超的教学艺术、良好的师生关系,坚持教育创新,深化教育改革,全面推进素质教育。所有这一切,就会使教师集中地表现出奉献和作贡献的工作态度和工作作风来,呈现一种辛勤耕耘、无私奉献的高尚品德。

2. 热爱学生

为了区别于父爱、母爱和情爱,我把教师对学生的爱,简称为"师爱",并认为它是师德的核心,即"师魂"。一位教师写道:

> "真情兮,煦煦春风胜母爱;
> 师魂兮,浩荡日月齐放彩。"

如何理解"师爱"呢?我们也有四个方面的感受:

一是热爱学生、尊重学生。在一定程度上,热爱学生就是热爱教育事业。热爱学生并不是一件容易的事,让学生体会到教师的爱更困难。某直辖市教委在教师中随机抽取 100 名教师,问:"您热爱学生吗?"90% 以上的被试回答"是";再向这 100 名教师所教的学生进行调查:"你体会到老师对你的爱了吗?"回答"体会到"的仅占 10%。这里,90% 与 10% 之间存在多么大的反差。由于师生之间没有血缘关系,彼此之间要建立深厚的情感连接,这是一件很费心思的事,要达到这一点,教师是要下一番工夫的。热爱学生、尊重学生是每一个教师的天职;"没有爱就没有教育",是一切优秀教师的共同心声;一位师德高尚的教师把热爱祖国、热爱人民、热爱教育和热爱学生紧密地联系在一起,构成"爱的教育",成为把爱献给教育的人。退一步讲,我们也看到有极少数不热爱学生的教师,即使没有"爱",但绝对要有尊重,即尊重学生。虽然教育中难免有批评甚至惩罚现象,但绝对不允许有任何体罚学生的行为。

二是师爱的性质和功能。台湾教育家高震东先生在其著作的扉页上写道:"爱自己的孩子是人,爱别人的孩子是神。"我则认为,疼爱自己的孩子是本能,而热爱别人的孩子则是神圣。因为不论是人类还是动物,都疼爱自己的孩子,母鸡为护小鸡而奋起,狗为护幼崽而狂吠,这些都是一种本能的反应。父爱和母爱虽然比动物对幼崽之爱要丰富和广阔得多,但就其本质来看,也是建立在血缘关系上的本能性的行为。然而对学生之师爱却出自教师的职责,这种爱在性质上是一种只讲付出不计回报的、无私的、广泛的,且没有血缘关系的爱,在原则上是一种严慈相济的爱,这种爱是神圣的爱,是一种促使学生成才的真情。这种爱是教师教育学生的感情基础,学生一旦体会到这种感情,就会"亲其师",从而"信其道"。如果我们每一位教师能长期地坚持这种性质和功能的师爱,我们的教育质量和水平就必定能不断迈上新的台阶。

三是一视同仁地对待学生。教师绝不能因学生的家庭背景、经济条件、学生成绩和相貌好坏而把学生分出等级来。教师在教育中的失败往往来自师爱的不公平。如果失去了对学生一视同仁的爱,教师也就失去了人生的乐趣。教师一视同仁的爱是一种强大的力量,它不仅提高眼前的教育质量,也会促进学生的成人和成才,会影响到学生的身心的发展、人格(个性)的形成、职业的选择、人生道路的转变,甚至会影响其毕生。教师应该把整个心灵献给学生并坚持一视同仁,将神圣的师爱均匀地撒向每一个学生,以感染他们、改变他们、教育他们、造就他们。

四是每位教师必备的师德品质。也就是说"师爱"不仅中小学教师要有,大学老师也要有,只不过表现方面不同罢了。从 1986 年至 1998 年,我曾经先后送自己的 16 名博士生出国深造,有 15 位已经按时回国,当时国家教育委员会有关职能部门的负责人询问:"为什么'回收率'这么高?"我的学生回答:"我们是冲着自己的老师回来的!"我说:"人心换人心,八两换半斤,我只不过是做了一点'感情投资'罢了。"对学生的"感情投资",包括学习问题、工作问题、职称问题、婚姻问题、住房问题、学科建设问题等,这个感情投资就是爱。这就是《中国教育报》(1994年 8 月 29 日)的《他像一块磁铁》一文的来源。

没有爱就没有教育。失去了对学生的爱,教师也就失去了人生的乐趣。教师的爱是一种强大的力量,它不仅能提高眼前的教育质量,也会促进学生的成人和成才,即会影响到学生的身心的发展、人格(个性)的形成、职业的选择、人生道路的转变,甚至会影响其终生。因此,教师应该把整个心灵献给学生并坚持一视同仁,将神圣的师爱均匀地撒向每一个学生,以感染他们、改变他们、教育他们、造就他们。

3. 严谨治学

师德集中体现在培养学生的质量上,能否培养出国家需要的优秀人才,这是衡量师德的重要标准。

1985年9月22日,《光明日报》发表评论员文章《苏步青效应》:并非名师出高徒,实乃高徒捧名师。我的体会是:教师的成功,在于创造出值得自己崇拜的学生。不想超过老师的学生,不是好学生;不想让学生超过自己的老师,不是好老师。否则,一代不如一代,民族的兴旺发达,国家的繁荣昌盛,还有什么指望?我经常想着"苏步青效应",希望我的学生超过自己,也希望我的学生的学生超过我的学生。这就叫"青出于蓝而胜于蓝",形成一种"长江后浪推前浪,一浪更比一浪高"的局面。

"造就数以亿计的高素质劳动者、数以千万计的专门人才和一大批拔尖创新人才。"为了实施这项培养目标,党的十六大文件把提高教师的师德和业务能力紧密联系在一起,作为加强教师队伍建设的关键。

教师的业务能力来自于其严谨治学,即"师能"。国内外教育家都把严谨治学看作是师德的组成部分,我国教育部于20世纪90年代初出台的中小学教师师德标准中也有严谨治学的要求,为此,我们有如下四点体会:

一是严谨治学的含义。教师对学生严格要求以培养人才,往往建筑在对自己严的基础上。教师必须严格对待自己,特别要注意严谨治学,这是师德的要求。所谓严谨治学,是指教师树立良好的学风和教风,刻苦钻研业务,不断学习新知识,探索教育教学的规律,改进教育教学方法,提高自己的教科研水平与教育教学水平,从而提高教育质量,培养优秀人才。

二是学校的教育教学质量,直接取决于教师的业务水平。随着学生年级的升高,尤其到高中或大学阶段,教师的声望和威信与教师的业务水平成正比。而学校的声望与威信的本身,正是取决于是否有一批有声望与威信的教师。教师,尤其是中小学教师的业务水平,无非是两点:一是课讲得漂亮;二是能教书育人,当好班主任。因此,教师必须严谨治学,不仅要使自己拥有知识,还要不断探索教育教学的规律,改进教育教学方法。

三是业务水平，集中体现在一个"新"字上。为了培养学生的创新精神与创造能力，教师自己要锻炼创新性和创造性。优秀教师往往有一种不甘平庸、勇于探索、敢于创新的精神。因为要提高师德和业务能力使工作作出成绩，必须靠勇于探索，不断开拓创新或创造。创新性或创造性要来自环境，来自教师创新和创造的动机，也来自知识结构，因此教师要不断更新知识结构。因为创新的基础在于教师钻研业务。有了知识，包括学习了新知识，就有了创新创造的材料，但要使材料成为自己的创新性创造性的智能结构，还需要加工。如何加工呢？靠教师刻苦钻研，勤奋好思的学风，靠严肃治学的态度，靠一丝不苟治学的精神。

四是教师创新性或创造性。教师的创新性、创造性、开拓精神、开拓能力，除了来自知识修养之外，主要靠参加教育改革的教育科学研究，在一定意义上，教师参加教科研是一种与时俱进、勇于创新的途径。对此，我们在第十二章专门对这个问题展开讨论。

4. 为人师表

为了当好教师，提高师德水平，我们强调教师严于律己的重要性，律己就是为人师表的师风。北京师范大学的校训为："学为人师，行为示范"，这就是为人师表的师德表现。为人师表是我们教师能坚持科学发展观，保持自身持续发展的最基本条件。

为人师表突出了教师人格的完整性。"人格"一词，在汉语的词义上，可作两种解释，一是心理学里的个性，主要是指气质和性格；二是社会学里的品格。前者是指个体的差异，可以叫人格的个性特征；后者是指道德品质的高低，可以称之为人格的品行特征。但两者又密不可分，很难区分开人格的个性特征和品格特征。教师的人格，既体现着教师之间的个性差异，诸如健康的情感、坚强的意志、稳定的态度、积极的兴趣、刚毅的性格和良好的品性等，这些因素在不同教师身上的不同组合，使教师呈现出不同的面貌；又是社会关系和道德关系在教师个人身上的内在表现，它反映在为人处事的道德风尚上，体现在教学风格中，表现在德育的环境里。在教育中，一切师德要求都基于教师的人格，因为师德的魅力主要从人格特征中显示出来，历代教育家提出的"为人师表""以身作则""循循善诱""诲人不倦""躬行实践"等，既是师德的规范，又是教师良好人格的品格特征体现。在学生心目中，教师是社会的规范、道德的化身、人类的楷模、父母的替身。他们都把师德高尚的教师作为学习的榜样，模仿其态度、品行，乃至行为举止、音容笑貌、板书笔迹等。一个班级的班风，在一定程度上是其班主任人格的放大，一个学校的校风是其校长人格的扩展。为人师表在哪些方面表现呢？可以从四个方面来分析：

一是以身作则。它有着种种表现，如遵守社会公德、尊师爱生、衣着整洁得体、语言规范健康、举止文明礼貌、严于律己、作风正派等，我们平常强调教师要身教重于言教，就是这个道理。这就是说，教师的以身作则成为师德的有形表现，高尚而富有魅力的教师能产生身教重于言教的良好效果。以身作则体现一种榜样的效力，体现一种上梁正下梁才能不歪的功效，体现了"其身正，不令而行；其身不正，虽令不从"（《论语·子路》）的孔子思想。

二是团结协作。为人师表者，要谦虚谨慎、尊重同事、相互学习、相互帮助、维护其他教师在学生中的威信；关心集体、维护学校的荣誉，共创文明校风；和家长积极配合，以共同完成教书育人的大业。这一点，在今天国家提倡和谐社会中更为重要，也就是说，教师队伍的团结协作不仅有利于学校的发展，而且也体现了和谐社会的规范。

三是廉洁从教。它不仅是为人师表的一个明显标志，而且也是今天社会正气在教师身上的表现。教师，廉洁与否，学生看得特别清楚，当教师，要坚持高尚情操，发扬奉献精神，自觉抵制社会不良风气的影响。为了当好教师，我们切不可利用职权之便牟取私利。

四是依法执教。教师要带头学习与宣传政治、道德、法律等知识理论，还要学好辩证唯物主义与历史唯物主义哲学，掌握科学的方法论；要全面贯彻国家教育方针，自觉遵守相关法律法规；在教育教学中同国家的方针政策保持一致，不得有违背国家的方针、政策的言行。

教师的知识结构

教师知识的研究开始于 20 世纪 70 年代，它是认知心理学应用于教师研究的一种表现。在 20 世纪 70 年代初期，一些研究明确地提出："教师的教学活动是一种认知活动。"根据这个主张，教师知识作为教师认知活动的一个基础,成为一个研究的重点。在研究中,我们把教师知识视为其从事教育工作的前提条件,并将其分为四个方面,即教师的本体性知识、文化知识、实践性知识和条件性知识。

1. 本体性知识

教师的本体性知识是指教师所具有的特定的学科知识,如语文知识、数学知识等,这是人们所普遍熟知的一种教师知识。知识要有事业与职业的目的,一个人最佳的知识结构,主要是以自己所从事的职业与专业为基础。一位教师的职业知识首先是精通自己所教的学科,教师购买资料,也首先是自己所教学科的书籍。学生的年级越高,教师的威信越是取决于其本体性知识的水平。教师扎实的本体性知识是其取得良好教学效果的基本保证,正因如此,人们认为,这些知识和学生成绩之间存在显著的正相关关系。于是,向被培训者传授本体性知识成为我国师资培训的中心任务。然而,实践证明这种培训方式存在很大的弊端,具有丰富的学科知识只是"基本保证",而不是"唯一保证",即光有本体性知识并不是个体成为一个好教师的决定性条件。我们的研究表明教师的本体性知识与学生成绩之间几乎不存在统计上的"高相关"关系。有几位颇有名的科学家,他们曾经是一些不合格的中学教师,教哪个班,哪个班乱,甚至被学生轰下讲台,这不就是生动的实例吗?因此,我认为,教师的本体性知识一定要有,但达到某种水平即可。

2. 文化知识

教师的工作,有点像蜜蜂酿蜜,需要博采众长。为了实现教育的文化功能,教师除了要有本体性知识以外,还要有广博的文化知识,这样才能把学生引向未来的人生之路。在学校里,知识渊博的教师往往赢得学生的信赖和爱戴,因为教师丰富的文化知识,不仅能扩展学生的精神世界,而且能激发他们的求知欲。学校中各门学科的知识总是紧密联系的,俗话说,"文史不分家""数理化是一体",说的就是这个道理。社会发展到今天,我们更应强调"文理交融",提倡文科的教师懂理,理科的教师懂文,这样才能适应思想活跃、见多识广的学生的需要。我认为,学生的全面发展,在一定程度上取决于教师文化知识的广泛性和深刻性。当然,教师的文化知识修养具有很大的个体差异,因此,我主张每一位教师都要发挥自己的一技之长。擅长创作的教师,可以用创作丰富学生的想象力；爱好诗词的教师，可以用诗词的魅力来启发学生；有音体美特长的教师，可以借之参与引导学生全面发展……我认为，一位教师，除了本体性知识以外的广博的知识，对于其取得最佳的教育效果，具有与本体性知识同等重要的意义。

3.实践知识

教师的实践知识指教师在面临实现有目的的行为中所具有的课堂情境知识以及与之相关的知识，这种知识是教师教学经验的积累。教师的教学不同于研究人员的科研活动，具有明显的情境性。我们的研究表明，专家型教师面对内在不确定性的教学条件能作出复杂的解释与决定，能在具体思考后再采取适合特定情境的行为。在教育教学工作中，很多情况需要教师机智地对待，这种教育教学的机智不是一成不变的，在一种情况下适宜的和必要的方法，在另一种情况下可能就是不恰当的。只有针对学生的特点和当时的情境有分寸地进行教育工作，才能表现出教师的教育教学机智。在这些情境中教师所采用的知识来自个人的教育教学实践，具有明显的经验性。而且，实践知识受一个人经历的影响，这些经历包括个人的打算与目的，以及人生经验的累积效应。所以这种知识的表达包含着丰富的细节，并以个体化的语言而存在。显然，关于教学的传统研究常把教学看成是一种程式化的过程，忽视了实践知识与教师的个人打算，这种传统研究限制了研究成果的运用。

4.条件性知识

教师的条件性知识是指教师所具有的教育学与心理学知识。这种知识是广大教师所普遍缺乏的，也是我们在教改中所特别强调的。条件性知识是一个教师成功教学的重要保障，在我们的"学习与发展"理论中，第一条指导思想是："儿童、青少年的心理发展规律是教育实践和教育改革的出发点。"在研究中，我们把教师的条件性知识具体化为三个方面，即学生身心发展的知识、教与学的知识和学生成绩评价的知识，并据此编制了"教师职业知识量表"，以测定教师条件性知识的水平。我们的研究表明，无论职前教师还是职后教师，他们对条件性知识的掌握都不够好，这是非常值得我们深思的。

我们的研究旨在从不同的角度来理解教师知识，以明了"一桶水"和"一杯水"之间的关系与性质。因此更注重研究教师知识的性质、范式、组织和内容。我们不仅希望教师"严谨治学"达到师德的要求,而且更希望发现教师是如何把掌握到的某一学科的内容传授给学生的。已有的研究表明,教师把他们已具有的学科知识与课堂的具体情境结合起来,形成一种与行为有关的知识。如"云的形成",教师把自己关于云的知识、学校里有什么样的资料、演示材料、学生的兴趣、学生的知识背景等结合起来。从某种意义上说,教学的中心任务就是对学科作出教育学的解释,这种解释要依据学生对该学科的掌握情况,考虑到学生对该学科已有的知识和错误的理解。正如杜威(J Dewey,1895—1952)早就指出的那样,科学家的学科知识与教师的学科知识是不一样的,教师必须把学科知识"心理学化",以便学生理解。所以他强调教师学习心理学,"学校是个应用心理学的实验室。"

教师的教育观念

一位优秀的教师肯定认为:"我一定能教好学生""我的学生一定会进步、会成才。"这种期望就是教师的教育观念,也就是教师的信念。教师的教育观念或信念是其从事教育工作的心理背景。很少有人怀疑下述观点:教师的观念影响他们的知觉、判断,从而影响他们的课堂行为,或者说,理解教师的观念结构对改进职业准备和教师实践来说是非常有必要的。我们的研究证明,教师的教育观念对他们的教育态度和教育行为有显著的影响,很明显,如果一个教师认为:"一个班级的学生中总是有好有坏,教师不可能把每一个学生都教成好学生。"那他就很可能慢慢放弃对班上学习不好的学生的教育。在教师的教育观念中,一个重要的问题是教师的教育效能感。

1.教育效能感

近30年来,研究者越来越关注教师如何看待自己的教学效果以及这种看法与学生学业成绩之间的关系等问题。已有的研究表明,教师对自己影响学生学习行为和学习成绩的能力的主观判断与他们的教学效果之间密切相关。人们把教师对自己影响学生学习行为和学习成绩的能力的这种主观判断定义为教师的教育效能感。这里有一个典型的例子就是著名的"皮格马利翁效应"(Pygmalion effect)。皮格马利翁是古希腊神话中的塞浦路斯国王,他在雕刻一座少女像时竟钟情于这位少女，后来他的痴情感动神灵，这尊雕像变成真人，与他结为伴侣。心理学家罗森塔尔（Rosernthal）曾做过这样一个实验：对小学各年级的儿童进行"预测未来发展的测验"，然后向教师提供信息，说："这些儿童有发展的可能性"。实际上这些孩子完全是随机抽取的，8个月后，这些孩子的智力得到了明显的提高，实验表明，教师的期望对学生的行为显然发生了影响，人们称此现象为皮格马利翁效应。大量的研究表明，教师是根据学生的性别、身体特征、社会经济地位、兄弟姊妹状况等各种因素形成对某个学生的期望的，这种期望形成后又通过各种方式，如分组、强化、提问等，影响被期望的学生，使学生形成自己的期望，最后又表现在学生的行动之中，反过来影响教师的期望。由此可见，教育的成效取决于教育观念或信念，来自其自我效能感。所谓自我效能感就是个人对自己在特定情境中是否有能力完成某种行为的主观判断与期望。这种期望不仅是教师自身工作的心理前提，也是学生发展的重要因素，一位优秀教师必须具备这种期望。我曾读过一首诗，题目叫《我愿做一片绿叶》。诗中把教师期望比做一片绿叶，正是这片绿叶，才使学生茁壮地成长："有您生命才如此旺盛，有您花朵才如此娇艳，有您世界才如此美丽"，"噢，绿叶，您是绿，绿的化身，绿的使者，绿的希望，您把我们的希望孕育在无限的绿色中。"

2. 教育效能感的结构

教师的教育效能感包括两个方面，即个人教育效能感和一般教育效能感。所谓个人教育效能感是指教师对自己是否有能力完成教育教学任务、教好学生的信念，例如"我一定能教好学生"，这显然是教师的个人教育信念，尽管那种"没有教不好的学生"的观点尚不全面，因为学生成长除了教师的工作之外，还有许多客观的因素，但这句话也反映了一些教师的教育信念。一般教育效能感反映了教师对教与学的关系、对教育在学生发展中的作用等问题的一般看法和判断。那种"我的学生一定会进步、会成才"的观念就是一般教育效能感的较典型的例子。第一章我们提到的北京市通州区第二中学的王润田校长实施的"高三分流"的主张与做法，正是来自"不求人人上大学，只求人人成人才"的一般教育效能感。因为"人人上大学"在现阶段是绝对不可能的，可"人人成人才"是可以实现的。教师的一般教育效能感正是实现"人人成才"

的一个重要基础。我最不愿意听到那种对学生武断定论:"我把你一碗清水看到底——你好不啦",因为这种判断是与教育效能感相悖的。至少忘了教育家陶行知的名言:"你的教鞭下有瓦特,你的冷眼里有牛顿,你的讥笑中有爱迪生。"即使从师德角度来分析,尊重也是爱的别名。师生之间的人格是平等的,一时气话,不仅忽视了教师的应有期望值,而且也造成对学生人格的伤害,师生关系的紧张。

3. 影响因素

作为对其教育教学活动的独特的主观判断,教师的教育效能感并不是先天形成的,而是在其教学活动中逐渐形成和发展起来的。我们采用数量化的方法研究了教师教育效能感的发展趋势,结果是教师的一般教育效能感随着其教龄的增长而呈下降趋势;而个人教育效能感则随着教师教龄的增长表现出上升趋势。在其教育效能感的总体水平上,虽然也表现出随教龄增长的上升趋势,但这种变化很小,不存在统计学上的显著性。

就一般教育效能感随教龄增加而下降这一点而言,我们认为其主要原因在于,由于师范教育的倾向性,师范院校的学生及刚走上教育岗位的教师一般多持有"教育决定论"的观点,他们很自然地认为,教育一定能促进学生的身心发展,它在学生的发展过程中起着决定性的作用。但随着从教时间的增加,教育现实中的许多现象和问题对"教育决定论"的观点提出了挑战,使教师对教育的决定作用产生了怀疑,他们的教育观念发生了动摇,不再肯定教育可以决定学生的发展了,而是认为学生的发展是一个复杂的过程,受多种因素的影响,教育不是万能的,教与学是辩证统一的关系,其中学生的学习、发展既受生理条件与心理发展水平的制约,又受社会条件的制约,且存在着年龄特征与个体差异,学生的发展是内外因交互作用的产物,并表现为一个从量变到质变的过程。鉴于上述认识,教师的一般教育效能感出现了随教龄增加而下降的趋势。

而教师个人教育效能感的上升趋势,则是其教学经验积累的结果,也可视为教师个体文化的发展产物,这是学校教育活动中与教师职业有机联系在一起的文化现象。在校大学生和刚参加工作的教师,他们的教育教学经验很少,在教育教学中遇到问题时,缺乏方法和管理的策略,常常会手足无措。随着教学年限的增长,教师的教育教学经验逐步丰富起来了,他们的个体文化概念也进一步得到了发展,他们的思想观念、价值趋向、审美意识和社会行为逐步稳定,角色特征、人格特征、形象特征和教学风格日益完善。于是,他们慢慢学会恰当地处理教学中出现的各种问题,教育教学的自信心不断地增强,其个人教育效能感也就表现出上升的趋势。

教师的自我监控能力

在教师素质的结构中,有一种素质可以称之为才华,即教师的教育能力。教育能力所包括的范围非常广泛,例如,教学能力、言语表达能力、教育观察能力、注意分配的能力、思维的系统性、逻辑性和创造力、教育想象力和教育机智等。当然,这些能力都是一位合格教师必备的才华,这其中,有的是一种内在的潜能,有的是教师外在的行为表现。我们将其概括一下,无非是两种能力,一种是教师的课堂教学能力,一种是教师的德育教育能力,这两者加起来构成一个合格教师的教书育人的才华。这种才华的核心成分是什么呢?我们从自己的思维结构观出发,认为其核心为自我监控能力。它表现为教师在教育教学活动中的"知其然,知其所以然"的品质。这种监控能力是教师从事教育教学活动的核心要素。如果说教育的成功,来自教育活动加反思,这说的就是教师的自我监控能力的重要性。

1. 什么是教师的自我监控能力

心理学研究高度重视人类行为的心理本源问题,力求发现人类纷繁复杂的行为背后的心理必然性。要真正地理解个体的认知活动,就必须要了解在其内部对认知活动控制和调节的心理机制。这个研究趋势对我们有重要的启示:虽然教师的教育教学活动是各式各样的,但其内部的心理必然性是什么呢?这个问题值得我们深思。对此,我们提出教师自我监控能力这个概念。所谓教师自我监控能力,是指教师为了保证教育教学的成功、达到预期的目标,在教学过程中,将活动本身作为意识的对象,不断地对其进行积极、主动的计划、检查、评价、反馈、控制和调节的能力。这种能力主要可分为三大方面:一是教师对自己教育教学活动的事先计划和安排;二是对自己实际教育教学活动进行有意识的监察、评价和反馈;三是对自己的教育教学活动进行调节、校正和有意识的自我控制。*1995年1月,《中国教育报》刊登记者对我的采访纪实,问我:"21世纪教师能力中最重要的成份是什么?"*我毫不犹豫地回答,"是教师的教育教学监控能力"。鉴于教育过程的复杂性,为了分析简便起见我们这里只就教师完成中心任务——教学活动的教学监控能力来论述教师的自我监控能力。

2. 教学监控能力的构成要素

教师教学监控能力的复杂性决定了其构成要素的复杂性,我们可以从不同的角度来分析它的构成,至少可以从教师教学监控能力的对象性质、作用范围、发生过程和表现形式等四个方面来考察教师教学监控能力的构成。

根据教学监控的对象,教学监控能力分为自我指向型和任务指向型两类。所谓自我指向型的教学监控能力主要是指教师对自己的教学观念、教学兴趣、动机水平、情绪状态等心理操作因素进行调控的能力;而任务指向型的教学监控能力主要是指教师对教学目标、教学任务、教学材料、教学方法等任务操作因素进行调控的能力。这两类教学监控能 力之间是相互联系、相互影响的。如,自我指向的教学监控能力不仅直接影响教师教学的积极性、努力程度以及对教学效果的情绪反应,而且也间接地影响着教师教学计划的制定、教学材料的使用、教学方法的选取以及教学效果的评价与补救等。相反,任务指向型的教学监控能力不仅直接作用于教师教学的具体过程,而且对教师的教学观念、教学积极性等也存在间接的影响,进而影响到教师自我指向型的教学监控能力。

根据其作用范围,教师教学监控能力可分为一般型和特殊型两类。前者是指教师对自己作为教育者这种特定角色的一般性的知觉、体验和调控能力,它是建立在教师所具备的有关教学的必要知识、技能和方法的基础上的,是一种超越具体教学活动的、具有广泛概括性的整体性的知觉、体验和调节能力。而特殊型的教学监控能力是指教师对自己教学过程中的各具体环节进行反馈和调控的能力,它决定教师在具体教学活动中具体的自我调节和控制的行为。

根据教学过程,教师的教学监控过程分为三个有机联系的部分:自我检查、自我校正和自我强化。所谓自我检查是指教师对自己教学活动进行有意识的、自觉的检查、审视和评价的过程,它是教师对自己教学活动的一种敏感反应,是教师对自己教学活动进行有意识监控的开始阶段;自我校正是教师在自我检查的基础上,对自己教学活动中存在的问题所进行的主动的改进、纠正和调节的过程,它是教师教学监控能力的外在体现;自我强化是自我校正过程的延续,在这个过程中,教师主动地寻找自我强化的方式和手段,以巩固自己已经出现的好的教学行为,防止原有问题的再度出现,这是教师教学监控过程一个循环的结束。值得注意的是,教师的教学监控过程是一个螺旋式发展的过程,在这种发展中,教师的教学监控能力得到不断的提高,教学效果会越来越好。

根据其在教学过程不同阶段的表现形式的不同,教师教学监控能力可以包括以下方面:①课前的计划与准备性,即在课堂教学之前,明确所教课程的内容、学生的兴趣和需要、学生的发展水平、教学目标、教学任务以及教学方法与手段,并预测教学中可能出现的问题与可能的教学效果,这是教师进行教学监控的前提。②课堂的反馈与评价性,指教师对于课堂的状况、学生的反应的敏感性与批判性,或者说是教师对课堂教学过程中"问题"的敏感程度,以及对所发现问题的解释与分析。可以说,评价和反馈性是教师教学监控能力的基础,教师的教学监控过程都是从他对教学活动的反思、评价与反馈开始的。③课堂的控制与调节性。如果说评价与反馈性是教师教学监控能力的基础的话,那么调节与校正性则是教学监控能力的目的。教学监控能力的根本作用在于它使教师能够有意识地、自觉地对自己的教学活动进行调节和修正,使之达到最佳效果,能最大限度地促进学生的发展,这也是我们培养教师的根本目的所在。④课后的反省性,在一堂课或一个阶段的课上完后,教学监控能力高的教师会对自己已经上过的课的情况进行回顾和评价,教学监控能力差的教师一般就不会认真地考虑这些问题。我们看到,教师教学监控能力结构的这四个成分实际上是从教学监控的全过程来区分的,是一种过程性的、动态性的结构。

我曾看过一本上海市优秀教师的论文集,叫做《教师的修养》,里面有一篇文章"记录自己走过的每一步",写的是上海市实验小学的特级教师袁溶老师坚持写"教后"的经验。文章指出,聪明的教师用写"教后"的办法来为自己积累工作的财富。这对我的启发甚大,我想了一个类似于公式的表达:优秀教师 = 教育过程 + 反思。不知这是否有道理。

我的意思是,教师的教育工作,多一分反思与监控,就多一分提高,就与优秀教师更接近了一程。

教师的外部行为表现

教师的工作主要表现在教学上,尤其是课堂教学上,因此教师素质突出表现在其教学行为上。换句话说,教学行为是教师素质的外化形式,它既是一种技术,更是一门艺术。

教学是教师组织和指导学生的认知、达成教学目标的师生共同活动,在这一活动中,教师的教学行为起着关键的作用。一个教师教学效果的好坏,直接地决定其教学行为的合理与否。虽然我们强调教师的知识、观念、工作积极性和教学监控能力对其教学的作用,但很明显,这些因素必须通过教师的教学行为体现出来。学生也是通过观察教师的教学行为,来理解教师的要求、掌握知识、发展自身能力、培养健康的个性品质的。因此,调整自己的教学行为,使之有利于教学任务的完成,有利于学生的全面发展,就成为教师教学成败的关键因素。

1. 课堂教学行为的标准

教师的教学行为可以从以下六个方面来衡量:一是教学行为的明确性,即教师的教学行为是否明确;二是多样性,即教师的教学方法是否灵活多样,调动学生学习积极性的手段是否有效;三是任务取向性,即教师在课堂上的所有活动是否是围绕教学的任务而进行的;四是富有启发性,即教师的课堂教学对学生能否启而得法,所谓启发性教学的实质是做到后次复习前次,在原有知识结构上产生学习的新需要,以旧知识同化新知识,做到"新课不新",启而得法;五是参与性,即在课堂教学中,班上的学生是否都积极地参与到教学活动中了;六是及时评估教学效果,即教师能否及时掌握学生的学习状况和课堂中出现的问题,并能据此调整自己的教学节奏和教学行为。课堂教学行为的核心是把课教"活",课堂效果好与坏,关键在于一个"活"字。如果一个教师能做到以上六个方面,那么他肯定能把课教活,他的教学行为应是非常恰当的,教学效果必然会很好。

2. 是技术,更是艺术

教学是教师有目的、有计划、有组织地对学生传道、授业、解惑的行为,教学行为是在教师自我监控下的一种有选择的技术,也就是说,它是依据在教学实践中积累起来的有关教学的经验、知识而形成的一整套操作技巧。一位优秀的教师,肯定善于教学设计,善于研究教材,能够选择合理的教法,灵活地运用讲解、提问、练习、复习、谈话和编制试卷等技术,能够运用现代化教育技术,熟悉教育评价手段,等等,一句话,他一定会表现出高水平的教学行为和教学技术,把课教活。而且,这种高水平的教学技术与行为的发展与组合,便会产生一种富于创造性的教学方式和方法,其教学必然达到准确、鲜明、生动的境界,使学生可以生动地理解学习内容。我们课题组曾推出过一部教学影片,题目叫"《纪念刘和珍君》教学——记北京五中吴昌顺校长的教学艺术",就是要说明一位优秀教师的教学行为,不仅是一种技术,更是一门艺术。

当然,教师的教学行为带有很强的情境性和个别性,不同的教师、不同的场合可能有截然不同的教学行为,但都是合理的。因此,我们很难整齐划一地采用某种程序去训练教师的具体行为,这也是传统"师傅带徒弟式"教师培训模式的致命弱点之一。我们认为,教师的教学行为是其素质的外化形式,要优化教师的教学行为,就必须要提高教师的整体素质。单纯训练教师的教学行为,必然会事倍而功半,达不到预期的效果。

第二章

智育与智能

教学是一个智育的过程

教学是一个智育的过程而不是"知育"的过程。

首先，教学是实施教育的一种途径或方式。乍看起来，教学的根本职能在于传递知识和社会经验，好像是以"知育"形式出现的。其实不然，教学通常采取特定的组织形式，有计划有目的地进行知识和社会经验的传递。在教学系统中，师生教与学的活动，都是按预定的统一目标及程序进行的。这里的目的和目标，是为了让学生获得知识经验，形成技能技巧，发展智力与能力，提高思想道德水平。所以，我们这里既要重知又要重智，并坚持教学过程中应具有教育性。

其次，在教学过程中，学生的认识或认知活动要越过直接经验的阶段。这就是说，学生所接受的教学内容，往往不受时间空间的限制，越过直接经验这一阶段，较迅速而直接地把从人类极为丰富的知识宝藏中提炼出来的最基本的东西学到手。这就是教学过程区别于人类一般认识活动或认识过程的特殊本质。在人类的一般认识活动中，就知识总体的历史认识过程而言，一切真知都是从直接经验发源的，没有直接经验，人类就不可能进而认识客观事物的本质。在教学中的学生却不同了，他们并不是简单地去重复人类认识活动的全部过程，而是直接接受人类实践中积累的基本经验。也就是说，在教学中学生所学的主要是间接经验的知识。事实上，当学生把前人的认识成果作为自己的间接经验来接受的时候，就是要越过直接经验这一阶段。这是因为：其一，学校教育就其本质来说，所实现的就是一种知识形态的再生产，教师把人类在漫长历史过程中所积累的知识，加以有目的的选择和提炼，系统而概括地传授给学生，所以学校教育能以科学的方法来提高和发展学生的智力与能力，从而使教学具有较高的效率。其二，对学生来说，在教学过程中认识世界，是掌握知识经验的一条最便捷的途径。也只有这样，才能极大地缩短认识或认知过程，保证学生在短时间内接受前人的认识成果，避免重复历史认识过程的漫长道路和曲折。当然，由于教学过程本身也是人类认识过程的一个重要环节和阶段，所以它是必须遵循人类认识活动的总规律的。这就是教学论中"直观性"原则与"重复性"原则相统一的缘由。也是我们在自己教学实验中强调学生的年龄特征,强调发展不平衡原则,强调培养学生概括能力的原因。

最后,教学是一种在教师指导下的学生认识或认知活动。教与学是一种双边活动。教是为了学,学则需要教,教与学互为条件、互相依存,失去了任何一方,教学活动都失去了存在的意义。学生的学习是离不开教师的,教师在传授知识的过程中,把人类社会长期积累起来的知识,根据社会的需要传授给学生。学生的学习需要老师的指导,这是教学过程与人类一般认识过程的一个显著的区别。在人类认识活动中,虽然通常有学校教育的因素,但人类认识客观世界的过程却并不能归结为教学过程。不能因为教师教授活动包括在人类认识活动中,便认为人类认识活动必须依赖于学校教育,教师的作用主要表现在教学这种特殊的认识或认知活动中。这种特殊认识或认知活动的一个重要表现是,在教学过程中,学生的认识或认知活动并不是简单地重复人类认识客观世界的活动,而是受着教师活动的制约。因为教师在启迪学生学习知识的同时,也在对学生进行着严格的智能训练,帮助他们形成智力与能力。只有形成了这样的智能,学生的认识活动才可以不必重复人类的认识活动的长久过程。而能否实现形成智能的目标,正是教师水平高低的标志。

德国教育家第斯多惠指出:"一个坏的教师奉送真理,一个好的教师教人发现真理。""一个真正的教师指点他学生的,不是已投入了千百年劳动的现成大厦,而是促使他们去做砌砖的工作,同他们一起来建造大厦,教他建筑。"

当然,教师在教学中对学生来说只是一个外因,外因必须通过内因起作用。为此,我们必须重视学生的学习动机和学习策略的问题。尽管如此,教育或教师的外因,毕竟是学生学习的重要条件。如第四章所示,由动机这样的需要形态,引起学生学习知识,不断内化发展为智力与能力。所以我们在自己的教学实验中,十分重视对实验班教师的培训工作,我们企图通过教师的作用,来调动学生学习的积极性和能动性,即发挥其主体作用,进而完成"领会知识—发展智能"的教学过程。

智力与能力

什么叫智力,什么是能力?众说纷纭。光是定义就有一百多种。

为了不陷入定义的争议，今天要写给中小学教师，智力与能力的内涵，自然是我自己对智力与能力的理解，它是我们教改实验的理论基础。

我们不应该将智力与能力绝对分开，既要看清它们有一定的区别，更要看到它们之间的联系。

1. 什么叫智力与能力

智力与能力是成功地解决某种问题（或完成任务）所表现出具有良好适应性的个性心理特征。

怎样解释这个定义呢？

首先，智力与能力同属于个性的范畴，它们是个性心理特征。把智力与能力理解为个性，说明其实质是个体的差异，这不仅仅是心理学家的观点，许多伟人，包括毛泽东同志也是这么说的。在《纪念白求恩》这篇传世佳作中，他提到"一个人能力有大小……"（1939）。能力有大有小，不就是个体的差异吗？可见，能力是一种个性心理特征。在批判"天才论"时，毛泽东同志指出，"天才者，无非就是聪明一点……"（1971），显然他是承认这种个体差异的。因为智力的通俗解释就是阐明"聪明"与"愚笨"，所以智力也是一种个性心理特征。

其次，智力与能力定义的第一个定语是"成功地解决某种问题（或完成任务）"。为什么要这么说呢？作为个性心理特征的智力与能力，它和个性心理特征的另一些因素，如气质、性格等有何区别呢？这在于智力与能力的根本功能是成功地解决问题或完成任务。所以，在一定意义上，智力与能力的高低首先要看解决问题的水平。还是毛泽东同志的话，"在学校里，应培养学生分析问题与解决问题的能力"（1964），道理也在这里。

最后，智力与能力定义的第二个定语是"良好适应性"。这出自智力与能力的任务，即主动积极的适应，使个体与环境取得协调，达到认识世界、改造世界的目的。皮亚杰（J.Piaget）始终坚持心理的机能是适应，智力是对环境的适应的思想。也就是说，智力与能力的本质就是适应，目的是使个体与环境取得平衡，这几乎已成为国际心理学界的共识。我国教育界的同行，不也在为当今的某些毕业生走上社会时适应能力不强而大为感叹吗？这也不难看出"良好适应性"在人们心目中的地位。

2. 智与能的区别与联系

智力与能力是有一定区别的。一般地说，智力偏于认识，它着重解决知与不知的问题,它是保证有效地认识客观事物的稳固心理特征的综合;能力偏于活动,它着重解决会与不会的问题,它是保证顺利地进行实际活动的稳固心理特征的综合。但是,认识和活动总是统一的,认识离不开一定的活动基础;活动又必须有认识的参与。所以智力与能力是一种互相制约、互为前提的交叉关系。国外的智力与能力观点,苏俄持"从属说",认为智力从属于能力,是偏于认识的一种能力;西方持"包含说",认为智力包含着诸如感觉、知觉、思维、记忆和注意等各种能力。我们认为这种交叉关系,既体现"从属"关系,又体现"包含"关系。教学的实质就在于认识和活动的统一,在教学中发展智力和培养能力是分不开的。我们所提出的"智能训练",既包括智力的训练,又包括能力的训练。因为能力中有智力,智力中有能力。

智力与能力的总称叫智能。中国古代思想家一般把智与能看作既有区别又有联系,互相转化共同提高的两个概念。正由于智力与能力的联系如此密切,中国古代不少名篇中如《吕氏春秋·审分》《九州春秋》《论衡·实知》等,均将两者结合起来称为"智能",其实质都是把智力与能力结合起来作为衡量人才的标准。

3. 思维是智能的核心

不管是智力还是能力,其核心成分是思维,最基本的特点是概括,即概括是智力与能力的首要特点。在中小学教学中所说的能力,主要是指智力。智力应由思维、感知(观察)、记忆、想象、言语和操作技能组成(见图1)。

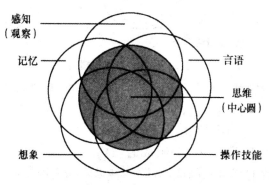

图1 构居智力成分模型

其中,操作技能既是能力的组成部分,又是智力的基本成分。在自己的教学实验中,我们以这个智力结构为依据,来培养中小学生的智力与能力。

思维又是智力与能力的核心成分,所以,我们的教学实验,自始至终将思维的训练放在首位。在对思维训练的做法上,我们主要抓住三个可操作点:其一,从思维的特点来说,概括是思维的基础,在教学中抓概括能力的训练,以此作为思维训练的基础;其二,从思维的层次来说,培养思维品质或智力品质是发展智能的突破口,结合各科教学抓思维品质敏捷性、灵活性、创造性、批判性和深刻性的训练,正是我们教学实验的特色;其三,从思维的发展来说,最终要发展学生的逻辑思维能力。

4.认清思维结构,抓好智力训练

思维是智力的核心,正确地认识思维结构,是抓好中小学生智力训练的基础。我把思维结构描述为如图2所示。

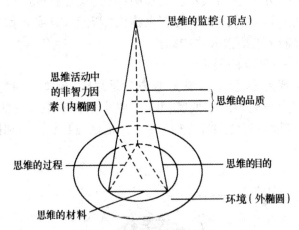

图2　思维心理结构模型

有人评价它是一个"三棱"思维结构,实际上我们强调思维乃至智力,是一个多侧面、多形态、多水平、多联系的结构。我们正是从这个结构观出发,来进行中小学生智力训练的。

思维是主要由六种成分组成的结构。第一,思维是人类特有的理解和解决问题的有目的的活动,即一种以定向为前提的过程,所以我们要关心学生是怎样提出问题的,并要重视学生分析问题和解决问题的目的性与方向性,以提高他们思维活动的自觉性与能动性。第二,思维是一种认识或认知过程,它要回答三个问题:过程多长,什么样的顺序和怎样的流程,所以我们要重视学生分析和检验问题中知识的接受、信息加工、分析与综合、抽象与概括的过程,以提高他们思维活动的准确性与系统性。第三,思维的材料,从内容上来说,主要是语言、数、形。从形式上来说,可以分两类:一类是感性材料,一类是理性材料,所以我们要重视中小学生的思维,逐渐地从具体形象成分占主导地位,发展到抽象逻辑成分占主导地位,创造一切条件使他们的理性思维材料越来越多,以提高他们思维活动的抽象性与逻辑性。第四,思维心理结构中的"顶点"是一个监控成分,其实质就是思维活动中的自我意识,表现为定向、控制与调节三个功能,所以我们要重视对学生"知其然,知其所以然"能力的培养,以提高他们思维活动的主体性与批判性。第五,思维品质或思维的智力品质是智力活动中,特别是思维活动中智力与能力特点在个体身上的表现。其实质是人的思维的个性特征,它体现了每个个体思维水平,智力与能力的差异;它是一个人思维乃至智力层次、水平高低的指标。事实上,我们的教育、教学,目的是提高每个个体的学习质量,因此在智力与能力的培养上,往往要抓学生的思维品质这个突破口,做到因材施教。第六,思维活动是智力因素与非智力因素的统一,两者相互影响,相辅相成,只有两者的密切结合,才能发挥思维活动的效能。

概括是思维的第一特征

有一位中学生问其数学老师:"怎样才能提高数学能力？"老师似乎毫不思考地脱口而出:"注意合并同类项。"而合并同类项就是概括能力的一种表现形式。

所谓概括,就是在思想上将许多具有某些共同特征的事物,或将某种事物已分出来的一般的、共同的属性、特征结合起来。概括的过程,把个别事物的本质属性,推及为同类事物的本质属性,这个过程,就是思维由个别通向一般的过程。正因为如此,注意"合并同类项"在学生数学能力的形成中就显示出了其重要性。

思维乃至智力的最显著特性是概括性。思维之所以能揭示事物的本质和内在规律性的关系,主要来自抽象和概括的过程,即思维是一种概括的现象。概括在思维乃至智力的发展及其训练中的意义是十分重要的。

从理论上说,概括是人们形成或掌握概念——思维细胞的直接前提,学生掌握概念的特点,是受他们的概括水平高低所制约的;概括是思维活动的速度、灵活迁移程度、广度和深度、创造程度等智力品质或思维品质的基础;概括是一切科学研究的出发点,是掌握规律的基础,任何科学研究的结论都来自概括过程。

从教学实践上说,学习和运用知识的过程是概括的过程,知识迁移的实质就是概括。没有概括,学生就不可能掌握知识,运用知识和学到知识;没有概括,就难以形成概念,那么由概念所引申的公式、法则、定理、定义就无法被学生所掌握;没有概括,学生的认知结构就无法形成,于是通过学习形成一个在意义上、态度上、动机上和技能上相互联系着的越来越复杂、越抽象的模式体系,就会出现困难;没有概括,学生就很难形成学科能力,因为任何一门学科能力都是通过概括表现出来并形成起来的。以语文学科的听说读写能力为例,听的关键是"听得好",即会听,听得准确能抓住别人讲话的中心,理解所听内容的实质,这是"听"中的概括能力的表现;说的关键是"说得清",即逐步地掌握准确、鲜明、生动的口语表达特点,做到词达意明、层次分明、说到"点子"上,这是在"说"中的概括能力的表现;读的要素较多,分析课文,即分析段落层次、提炼中心思想、掌握文章脉络是读的重点,它也是以学生的概括能力为基础;写作能力发展也是一个概括化的过程,中小学生从"说"到"写",从"读"到"写"(仿写)两个过渡,都要通过书面语言条理化地、生动地表达出事物内在联系,这里就有一个综合、提炼的过程,即概括过程。数学能力也是以概括为基础,数学能力在一定意义上说就是对数学知识的概括能力,所以中学数学特级教师李观博先生在课堂里进行基本概念的讲授时,就是遵循以下三点,以突出数学概括能力的训练:①重要的数学概念反复出现、反复巩固,以便学生合并同类项;②用简洁、明白和通俗易懂的语言,引导学生一步步深入地概括;③引导学生看书,在看书中慢慢地理出头绪,以提高数学概括能力。

由此可见,概括性在思维过程中的地位以及概括能力在现实中的作用和重要性。正因为如此,概括性成为思维研究的重要指标,概括水平成为衡量学生思维发展的等级、标志;概括性也成为思维乃至智力训练的重要方面,智力水平通过概括能力的提高而获得显现。我们实验点北京市通县六中(现通州六中)一改后进面貌成为北京市的"特色校",措施之一就是县教科所和六中重视对学生概括能力的培养:①明确概括的重要思路,引导学生从猜想中发现,在发现中猜想;②在把概括的东西具体化的过程中强化发现猜想;③通过变式、反思、系统化、各级推动同化、顺应的深入进行;④大力培养形式抽象,根据假定进行概括的能力。不难看出,学生从认识具体事物的感知和表象上升到理性思维的阶段,主要是通过抽象概括。因此,我们在中小学生的教学实验中强调,要积极引导学生通过观察或语言,描述为概念与知识所提供的感性材料;分清事物的本质特征或属性;给各类概念作解释或下定义;对已有的概念逐级归类组成新的概念。把训练学生的概括能力,作为发展学生思维乃至智力的一个重要环节。

正确前提下的敏捷性

智力的敏捷性,又叫思维品质敏捷性,它是指智力活动,特别是思维活动正确而迅速的特点。有了智力敏捷性,在处理和解决问题的过程中,就能够适应迫切的情况来积极地、周密地思考,正确地判断和迅速地作出结论。有人说,智力敏捷性主要指速度而不包括正确的程度。但我们认为,思维的轻率性也绝不是思维或智力的敏捷性品质。

1. 智力敏捷性的意义

信息时代的今天要讲究时间。"时间就是生命,效率就是金钱",这正是当今时代的一种写照。"信息灵"才能"决策准",因此智力敏捷性的训练,是时代对人类的要求。对于中小学生来说,智力敏捷性是学习活动的需要。各种学科对学生都提出了正确而迅速的学习要求。例如,中小学生的数学学习,需要有一个训练正确而迅速的运算能力的规定。近几年的高考语文卷子,少则一二千字,多则八九千字,别说做题的时间,就是看一遍又要花多少时间呢?因此,没有智力敏捷性,完成学习任务是困难的。

中小学生的智力敏捷性有四种表现:正确而迅速,正确但不迅速,迅速但不正确,既不正确又不迅速。我们教学的任务,当然是要培养正确而迅速的智力品质。

2. 智力敏捷性的前提是正确性

我们提倡的是正确性前提下的敏捷性,所以强调培养中小学生正确而迅速的智能。例如,全面准确地理解所阅读内容的要点,把握作者的意图,是形成敏捷的阅读能力的基础。正确的思维,正确的作业是训练的结果。我们强调,学生年龄越小越要加强作业正确率的训练。例如小学数学课,对于低年级,教师狠抓学生的运算正确率。落实到学生身上,一是认真审题,画出重点词;二是题题有验算(如逆运算);三是错题立即更正。落实到教师身上,加强"及时强化",养成每天当堂批改作业的习惯。对的打"√",错的不表态,让学生在运算中获得及时的肯定与否定,从记忆到思维,有一个及时刺激的条件,强化正确的"条件联系"。在我们的课题里,几乎对每个阶段、每门实验学科都有"正确性"的要求,以达到正确思维的目的。

3. 智力敏捷性的关键是迅速

智力活动的速度往往以其他智力品质为基础,又有其自身发展的特点。这种智力活动的速度,和每一个不同个体的遗传因素有关,具有一定的先天性,但主要是来自后天的培养。中小学生每一阶段在学习每门学科时,都应有速度的要求。例如,我们课题组对中学生的阅读训练提出了三点要求:①提高阅读速度,三分钟不低于 *1 000* 字;②学会速读、跳读、浏览、泛读等方法,提高读书速度;③迅速捕捉到所读内容的主要观点和自己所需的主要材料。而后天培养的方法,主要是在上述基础上进行的练习。例如,我们在提高小学生运算能力敏捷性的练习方面,主要抓两条措施:一是抓速度的练习,在低年级我们将正确而迅速的运算要求作为学习常规的重要内容,在形成一定学习"常规"的基础上,每天坚持 *5* 分钟左右的速算练习,有口算,速算比赛,接力地完成一个复杂题,包括应用题等;到中高年级,强调在数学运算中把正确迅速与合理灵活结合起来,平时数学作业,一律要有速度的要求。二是教给学生一定的速算要领与方法,速算方法有上百种,我们课题组按照不同年级学生所学不同的数学内容,分别教给他们各种方法,使他们提高运算的速度。心理学家认为,重复练习是形成习惯的重要条件,教会学生速算方法,反复练习,学生就能从领会这些方法到应用这些方法,逐步地熟能生巧。而一旦变成习惯的"生巧",不仅可以丰富数学知识,还可以促进智力敏捷性的发展。我们的实验点——内蒙古赤峰市教科所范有祥所长领衔许多县的小学进行思维品质训练的实验,就突出了智力敏捷性的培养。1996年8月3日数百名小学生速算表演,运算速度超过计算器。谁能想到,这一大批思维敏捷的"小速算家",竟来自18年前十几分就可以升初中的教育落后地区。难怪"聪明"一词又可以写成"聪敏",智力敏捷性提高了,人也就变聪明了。

合理而灵活的思维品质

智力灵活性,又叫思维品质灵活性,它是指智力活动的灵活程度。它的特点包括:一是思维起点灵活,即从不同角度、方向、方面,能用多种方法解决问题;二是思维过程灵活而不死钻牛角尖;三是概括——迁移能力强,运用规律的自觉性高;四是善于组合分析,伸缩性大;五是思维的结果往往是多种合理而灵活的结论。我们提出的智力灵活性,与美国心理学家吉尔福特(J.P. Guilford)所提出的发散思维的含义有一致的地方。发散思维的特点是多端、灵活、精致、新颖。例如,他们出了一道题:"砖有什么用处?"让学生发散思维得出多种结论。吉尔福特认为发散思维的实质是求异。我们也同意灵活性来自求异思维,但求异从哪儿来,我们认为应来自迁移。因为灵活性越大,发散思维越发达,越能多解,说明这种迁移过程越显著。"举一反三"是高水平的发散,正是来自思维材料和知识的迁移。而迁移又是哪里来的呢?从思维心理学的角度来说,"迁移就是概括",这是正确的。"触类旁通",不就说明灵活迁移——旁通,来自于概括的结果——触类吗?从中不难看出,培养中小学生智力灵活性,不仅是今天学习的要求,而且是使其明天变得更加机灵。

培养中小学生智力灵活性的最简单的办法是求多解的练习。例如,适应数学教学的实际,提高学生一题多解、一题多变、同解变型和恒等变型的能力。结合语文教学,强调字词练习的一字多组(词)和写作练习的一材多题的做法。

以一题多解为例。从各种规律中找出规律,便能举一反三,比盲目多做题的效果要好得多。数学知识浩如烟海,即使在一个科目内,谁也不能举出一切类型来。一味追求多做题,无限地扩大宽度,势必把学生的思想淹没在题海之中。所以我们应该精选例题,按类型、深度编选适量的习题,再按深度分成几套,进而培养学生的智力灵活性,使学生在知识与智力上都"更上一层楼"。在引导学生一题多解、一题多变中我们应注意如下三点:①在基础知识教学中从不同层次、形态和不同交结点揭示知识间的联系,从多方位把知识系统化;②在解题教学中,从不同的认识层次、观察角度、知识背景和问题特点进行一题多解、一题多变;③从多方面分析特点,抓住问题的特殊性,探求一题多解、一题多变。

　　语文教学也有不少求多解的练习,如词的搭配练习就是一个典型。一个"说"字,可以搭配成:"说明"(偏正式)、"说唱"(联合式)、"说服"(补充式)、"说理"(动宾式)和"众说"(主谓式)等。类似的还有一字多组、填空练习、换词练习、选题练习、改错练习、联句练习等,按照不同练习以提高中小学生词汇学习的智力灵活性。

　　其实,每一门学科都可以引导学生做求多解的练习,发展其一题多解的发散思维,但是,在强调这种发散思维训练的同时,绝对不能忽视寻求一个正确答案的辐合思维。我们认为,辐合思维与发散思维是相辅相成、辩证统一的,它们是智力活动中求同与求异的两种形式。前者强调主体找到对问题的"正确答案",强调智力活动中记忆的作用;后者则强调主体去主动寻找问题的"一解"之外的答案,强调智力活动的灵活和知识迁移。前者是后者的基础,后者是前者的发展。在一个完整的智力活动中,离开了过去的知识经验,即离开了辐合思维所获得的一个"正确答案",就会使智力灵活失去出发点;离开了发散思维,缺乏对学生灵活思路的训练和培养,就会使学生思维呆板,即使学会一定知识,也不能展开和具有创造性,进而影响知识的获得和辐合思维的发展。因此,我们在培养智力灵活性的时候,既要重视"一解",又要重视"多解",并将两者结合起来,我们可以称它为合理而灵活的智力品质。

创造性智力与创造性人才

　　今天,社会进步的标志之一,在于创造。通过创造,使社会处于日新月异的变化之中,这正是我们时代的特色。正因为如此,美国、日本的教育界早在20年前就提出,把培养创造型人才作为培养21世纪人才的指标。日本还把从小培养独创性作为教育国策定了下来。所有这些,对我们的教育改革,无疑是一种启示。

创造性思维、智力创造性、独创性或创造力,可视为同义语。如果强调创新的过程,则为创造性思维;如果强调人与人之间创新的差异,则称创造性或独创性;如果强调创新能力的大小,则叫创造力。实质都表现在"创新"或"创造"上,即一个现象的多种形态。它是人类思维的高级形态,是智力的高级表现;它是根据一定目的,运用一切已知信息,在新异情况或困难面前采取对策,独特地、新颖地且有价值地解决问题的过程中表现出来的智力品质。任何创造、发明、革新、发现等实践活动,都是与智力创造性联系在一起的。智力创造性,在人类社会生活的一切领域和活动中,从幼儿游戏、学生学习、成人劳动、工作、科研等各方面,都发挥着重要的作用。捕捉学生学习中的创造性,加以因势利导的训练,正是我们课题组的一条重要措施。智力创造性,突出地表现出五个特点,我们课题组正是抓住这五个特点来培养中小学生的智力创造性或创造力的。

一是新颖、独特且有意义的思维活动。"新颖"是指不墨守成规、破旧布新,前所未有;"独特"是指不同凡俗、别出心裁;"有意义"是指有社会或个人的价值。新颖、独特加上有意义就叫"创新"。在教学实践中,我们首先强调创新地解题、作文、活动等。例如,我们课题组曾抓小学生自编应用题,以此突破难点,使学生进一步理解数量间的相依关系,不仅提高他们解应用题的能力,而且也促进其智力创新力的发展。又如,我们课题组要求中学生在写作时做到:①观察问题的角度新,分析问题的眼光新,叙述事物的方式新;②选材力求新颖,立意不同一般;③语言表达上逐步形成自己的个性及风格。为此,实验点教师又深入将这些要求具体化,寻找各个年级指导作文的措施,以提高学生写作能力的创新性。

二是在内容上是思维加想象,即通过想象,加以构思,才能解决别人所未解决的问题。在创新的过程中,想象比知识更重要。中小学每一学科的教学成效,都与学生的想象力有着密切的关系。因此,我们在教学实践中的做法是:①丰富学生有关的表象;②教师善于运用生动的、带有情感的语言来描述学生所要想象的事物的形象;③培养学生正确的、符合现实的想象;④指导学生阅读文艺作品和科幻作品。

三是在智力创造性或创造性思维的过程中,新形象和新假设的产生带有突然性,常被称为"灵感"。灵感是劳动的结果,是人的全部高度积极的精神力量,一般在"原型"启发下凸显出来。灵感跟创造动机和对思维方法的不断寻觅相联系。灵感状态的特征,表现为人的注意力完全集中在创造的对象上,所以在灵感状态下,创造性思维的工作效率极高。小学生没有灵感,在中学阶段,灵感也只是一个开始,还很不明显。但是中小学生灵感的基础之一是有意注意,所以我们课题组十分重视中小学生有意注意的培养。在培养学生有意注意的过程中,除了从非智力因素入手之外,我们在改革教学内容和教学方法上下了工夫,我们课题组所编的中学语数两科补充教材和小学语数两科实验教材、思维品质练习材料都有利于调动学生学习的积极性,增强有意注意,为灵感的萌生奠定基础。

四是分析思维和直觉思维的统一。分析思维就是按部就班的逻辑思维;而直觉思维则是直接领悟的思维。人在进行思维时,存在着两种不同的方式,一是分析思维,即遵循严密的逻辑规律,逐步推导,最后获得符合逻辑的正确答案或作出合理的结论;二是具有快速性、直接性和跳跃性(看不出推导过程)的直觉思维。例如,一位数学教师在黑板上出了一道有一定难度的因式分解题,题刚出完,就见一名学生冲上去用"十字相乘"方法解了题。老师问:"能否说出解题的道理?"学生直摇头。"你是怎么想的?""说不出来。""那你为什么要用'十字相乘'法?""我也说不清,只是一看就知道这么做是对的。"这是较典型的直觉思维例子。从表面看来,直觉思维过程没有思维"间接性""推导性",但实际上,直觉思维正体现着由于"概括化""简缩化""语言化"或"内化"的作用,是高度集中地"同化"或"知识迁移"的结果,难怪直觉思维被爱因斯坦视为创造性思维的基础。所以,我们在教学中对学生的直觉思维,一是要保护,二是要引导,尤其初二以后,要逐步引导学生学会"知其然,知其所以然。"

五是智力创造性是发散思维和辐合思维的统一。对这两种思维,上边论述"思维灵活性"时已经作了阐述。

我在第一章里已阐明,学习分两种,一种叫重复性学习,另一种是创造性学习。我希望学生在学习中敢于除旧,敢于布新。从小多一些创新,长大后就多几分创造、改革和发明。学生在学校里固然是以再现性思维为主,但发展他们的智力创造性或创造性思维,也是教学中必不可缺的重要一环。

这里我还要强调一点,有了创造性的思维或智力,并不一定成为创造性人才。创造性人才,不仅需要创造性智力,还要有创造性的人格,这就是说,需要非智力因素。这一点,我们到第九章再去展开。

思维批判性强调"知其所以然"

智力批判性,是指思维活动中善于严格地估计思维材料和精细地检查思维过程的智力品质。"知其然,知其所以然",就是智力批判性的表现,具体表现在五个特点上:①分析性。在思维过程中不断地分析解决问题所依据的条件和反复验证业已拟定的假设、计划和方案。②策略性。在思维课题的面前,根据自己原有的思维水平和知识经验在头脑中构成相应的策略或解决问题的手段,然后使这些策略在解决思维任务中生效。③全面性。在思维活动中善于客观地考虑正反两方面的论据,认真地把握问题的进展情况,坚持正确计划,随时地修改错误方案。④独立性。即不为情境性的暗示所左右,不人云亦云,盲从附和。⑤正确性。思维过程严谨,组织得有条理;思维结果正确,结论实事求是。为此,我们在实验点采取了许多措施,其中之一是"学法指导"。我们认为在小学二年级以后就可进行学法指导,引导学生学习前有计划;学习中讲策略;上课时要自我调节;课后尤其是考试后会反馈总结;坚持数年以形成学习风格。这样,一大批学生当了学习的主人,把学习"搞活了"。

心理学里有一个概念叫"元认知",指的是对认知的认知,对思维的思考。具体地说,元认知包括三个方面的内容:一是元认知知识,即个体关于自己或他人的认识活动、过程、结果以及与之有关的知识;二是元认知体验,即伴随着认知活动而产生的认知体验或情感体验;三是元认知监控,即个体在认知活动进行过程中,对自己的认知活动积极进行监控,并相应地对其进行调节,以达到预定的目标。因此,元认知过程实际上就是指导、调节我们的认知或认识过程,也就是选择有效认知或认识策略的控制执行过程。在一定意义上,这种元认知在每个个体身上表现,就是智力活动的批判品质。例如,学生不断检查自己说话的内容及思维过程,及时加以调整。这既是元认知的表现,也是区分学生间说话能力、批判性水平的一种指标。所以,智力批判性的训练,主要是从提高认识或认知、体验和行为三方面的监控能力人手的。

不管是智力批判性还是元认知,都是思维过程中自我意识作用的结果。上一章我们提到了自我意识,它在思维或智力结构中是一种监控系统。这就是说,通过自我意识系统的监控,人们不仅能够认识自己的思维过程,而且也能根据活动的要求,及时地调节思维过程,修改思维的课题和解决课题的手段,这里实际上存在着一个主体主动地进行自我反馈的过程。因而,思维活动的效率就得到提高,思维活动的分析性就得到发展,思维过程更带有主动性,减少了盲目性,思维结果也就具有正确性,减少了那些狭隘性和不准确性。我国古代思想家老子说:"知人者智,自知者明。"这正说明,人在思维活动中,自我意识的监控所表现出来的批判性,体现着一个人思维活动的水平。心理学研究表明,那些愚鲁的、智力落后的学生的自我评价往往是非批判性的,创造性思维和自我概念存在着高度相关。对此,我认为一个学习好的学生,应该是善于反思其学习过程的学生。所以,我们课题组为各学科能力的批判性提出了训练的要求。例如,对中学生运算的批判性的要求是:①解题时能看清题目要求,自觉采取合理步骤运算;②运算中能正确选取有用的条件和中间结论;③运算中能及时调整解题步骤和方法,特殊问题能采取特殊解法;④善于发现运算过程中出现的错误并及时纠正;⑤在使用运算法则时不容易发生混淆;⑥善于运用各种方式检查运算结果的正确性。又如,对他们写作的批判性要求为:①掌握文章修辞的基本方法和步骤,有较好的修改作文的习惯;②学会自评作文,写作文小结、作文集序跋;③及时总结自己的写作经验,针对不足进行有目的的训练,以提高写作水平和质量。推广到中小学各科教学,我们无非在启发学生,善于对问题的可解性作出正确的估计;善于对具体问题作具体分析,思路清晰;善于发现推理过程中出现的错误并及时纠正;善于克服学习过程中的"负迁移";善于考虑正反两方面的论据,作出正确判断;

善于调节思路,目的性强;等等。总之,让学生的自我意识对其思维活动各个环节、各个方面进行分析、调整和校正,以提高他们智力的批判性。

深刻性是思维品质的基础

智力深刻性,又叫思维深刻性,它不仅表现在思维的逻辑性上,而且表现在思维的深度、广度和难度上。

1. 深刻性的实质

人的思维是语言思维,是一种理性的认识。在感性材料的基础上,经过思维过程,去粗取精,去伪存真,由此及彼,由表及里,于是在人脑里生成了一个认识过程的突变,产生了概括。由于概括,人们抓住了事物的本质,事物的全体,事物的内在联系,认识了事物的规律性。个体在这个过程中,表现出深刻的差异,智力深刻性集中地表现在善于深入地思考问题,抓住事物的规律和本质,预见事物的发展进程。这就是我们平时说的"透过现象看本质",它正是我们所强调的思维品质的深刻性。

智力的深刻性是一切智力品质的基础,智力的灵活性和创造性是在深刻性基础上引申出来的两个品质。而智力的批判性是在深刻性基础上发展起来的品质,只有深刻的认识,周密的思考,才能全面而准确地作出判断;同时,只有不断自我评判、调节思维过程,才能使主体更加深刻地揭示事物的本质和规律。智力的敏捷性是以智力的四个其他品质为必要前提的,同时它又是其他四个品质的具体表现。我们第三章提到的实验教材正是以这五种品质的内在联系为基础编写的,而目前市场上所发行的《小学生数学思维能力训练与提高》和《小学生语文思维能力训练与提高》也是为突出这五种品质及其内在联系的物化材料,将这套可操作性颇强的训练教材提供给小学生使用,目的在于培养他们健康的智力品质。

2. 中小学生思维品质的深刻性表现

中小学生思维的深刻性表现在:

思维形式的个性差异,即在形成概念、构成判断、进行推理和论证上的深度是有差异的。

思维方法的个性差异,即在如何具体地、全面地、深入地认识事物的本质和内在规律性关系的方法方面,诸如归纳和演绎推理如何统一,特殊和一般如何统一,具体和抽象如何统一等方面都是有差异的。

思维规律的个性差异,即在普通思维的规律上,在辩证思维的规律上,以及在思考不同学科知识时运用的具体法则上,其深刻性是有差异的。只有自觉地遵循思维的规律来进行思维,才能使概念明确、判断恰当、推理合理、论证得法,具有抽象逻辑性,即深刻性。

思维的广度和难度的个性差异,即在周密的、精细的程度上是有差异的。一个具有广度和难度思维的人,能全面地、细致地考虑问题,基于和问题有关的所有条件,系统而深刻地揭示事物的本质和内在的规律性关系。

3. 深刻性的训练

作为一切智力品质基础的智力深刻性,我们课题组训练的方法较多,这里归纳为两个方面。

一是抓概括能力的训练。这一点,我们在上边已有专门论证,恕不赘述。

二是抓逻辑推理能力的训练。人靠什么能力来解决问题的呢?靠逻辑推理能力。逻辑推理是思维的重要形式,是解决问题的主观基础。结合各个学科的教学,我们着重培养中小学生的四对推理能力,即直接推理与间接推理;综合法与分析法;归纳法与演绎法;类比推理与对比推理。例如,通过让儿童计算:$\frac{1}{4} = ?$,学生回答是 0.25;分子分母共乘以 2、5、10 呢? 即列为:$\frac{1 \times 2}{4 \times 2} = ?$ $\frac{1 \times 5}{4 \times 5} = ?$ $\frac{1 \times 10}{4 \times 10} = ?$ 三个式子,分别获得三个 0.25 的答案。教师问:"你们从中看到了什么?""分子分母同乘以一个数,大小不变。"教师出示"$\frac{1 \times 0}{4 \times 0}$",问"难道不变吗?""零除外。"教师又写出 $\frac{8}{32} = ?$ 获得 0.25,分子分母共除以 2、4、8,同样获得三个 0.25,又问"你们从中又看到了什么?""分子分母同除一个数,0 除外,大小不变。"教师再问:"如果将上边两句话'加'在一起又是什么?"学生的兴趣更大了,"话也能'加'在一起?""是的!""分子分母同乘或同除以一个数,0 除外,值不变。"教师告诉学生:"这就是分数性质"。由此,不仅能又快又好地使学生领会分数性质,而且让学生在学习知识的同时，掌握了从"个别到一般"的归纳推理和二次归纳推理。有的老师还要"快"："你们在二年级学过除法性质吗？""学过。被除数和除数同乘或同除以一个数，0除外，值不变。"教师在此引导学生比较了分数与除法的关系（相同点），很快地运用类比推理获得分数性质。我们的实验点教师就这样一点又一点，一步又一步地通过相应的训练，教会学生掌握各种逻辑推理，指导他们学会思维，以提高学生智力的深刻性，进而培养他们的智力与能力。

发展学生的逻辑思维能力

平时我们一提逻辑思维，往往是指抽象逻辑思维，其实，逻辑思维应该有三种：动作逻辑思维、形象逻辑思维和抽象逻辑思维。

1. 思维发展的趋势

思维和智力是怎样发展的？一般认为：从直观行动（或感知动作）智力阶段（约0岁～2、3岁）→具体形象（或前运算）思维阶段（2、3岁～6、7岁）→抽象逻辑思维阶段。它是一种新的代替旧的，低级变成较高一级层次的发展过程。虽然这样分析是有一定道理的，但是如何揭示这些思维或智力阶段之间的关系和联系，对此，往往使人困惑和难解。

我们在研究中发现，直观行动智力在个体思维发展中向两个方面转化，一是逐步发展为具体形象思维；二是向高水平的动作逻辑思维发展，即它以动作为思维的重要材料，借助于与动作相联系的语言物质外壳，形成一种动作思维加抽象逻辑思维的逻辑思维，在认识中以操作为手段，来理解事物的内在本质和规律性。所以动作逻辑思维又叫实践思维或操作思维。例如，提倡优秀足球运动员要用"脑子"踢球，实际上是让运动员在踢足球时要运用动作逻辑思维。运动员和技术工人等是与动作打交道的职业者，擅长的正是动作逻辑思维。

具体形象思维在个体思维发展中也向两个方面转化，一是抽象逻辑思维的直接基础；二是形象思维的基础，即以形象或表象为思维材料，借助于鲜明、生动的语言作物质外壳，通过抽象逻辑成分渗透而形成的，在认识中带有强烈情绪色彩的一种特殊思维活动。例如作家、艺术家擅长形象思维，适合从事形象描述和艺术思维等活动。所以形象思维，又叫形象逻辑思维，它具备思维的各种特点，它的主要心理成分有联想、表象、想象、情感和语言。有关形象逻辑思维在教学中的作用问题,我在下一章还要进行展开的阐述。

2. 要全面地对待各种逻辑思维的发展

我们在教学实验中提出,要重视各种逻辑思维的发展。既要发展学生的抽象逻辑思维,又要发展他们的形象逻辑思维和动作逻辑思维,目的都在于发展中小学生的逻辑思维能力。

三种逻辑思维各有各的用途,为人才的塑造奠定了基础。个体在抽象逻辑思维、形象逻辑思维和动作逻辑思维上的不同表现,既来自先天的天赋,又来自后天的教育培养,只要承认个体差异的存在,就要对个体的逻辑思维坚持因材施教。

在我们的教学实验中,我们提倡不偏废这些思维中的任何一种,根据不同的学科特点,不同的年级(年龄),对不同的学生提出不同的要求,以发展其各种各样的动作逻辑思维、形象逻辑思维和抽象逻辑思维。

第三章

全面发展学有特色

关于"应试教育"

前几年社会上一直在议论"应试教育"。什么叫"应试教育"？目前还没有统一的定义。但一般是指对基础教育界以升学为中心，以应试为目的，以淘汰多数学生为代价，以片面追求升学率为标准的现象的一种表述。其实，"应试教育"的提法不太好，容易让人与现行教育，特别是考试挂钩，不如直接提"片面追求升学率"的教育现象。因为"应试"与考试没有什么本质区别，办教育教学就会有考试。中国教育资源有限，如果不用考试的方法，如何来客观地选择人才呢？

当然，今天对"应试教育"已赋予其特别的含义，它绝对不指现行教育，也不泛指考试。这种"应试教育"现象的内涵是什么？又是从哪儿来的呢？

其一是文凭至上、学历第一的倾向。社会上的多数用人单位，尤其是公有制的企业或事业单位，往往以文凭为准绳，而不是考核实际能力，于是许多未被承认学历的毕业生或自学成才者进不了公有制单位，这种社会价值观中的文凭主义倾向，必然导致人们只能走升学之路。

其二是社会就业的困难。不是条条道路都能成为就业的渠道，高中生、职教毕业生和民办大学的毕业生找工作并不是那么容易，而公有制大专院校的毕业生，受计划经济的影响，尽管取消了"分配"，但相对地就业还是比较容易。于是升学成为通向就业的重要途径。

其三是"农转非"的现实问题。尽管我国不少地方取消了城市户口或农村户口，但我国80%的人口在农村，农村青少年要实现"向上流动"，升学几乎成为"家有田舍郎，暮登天子堂"的唯一桥梁，这就是社会上流传的"公安局长"（主管户籍者）不如"校长"（促进学生考上学校实现"农转非"的目的）说法的来由，从而产成更激烈的教育竞争。

其四是社会对学校，尤其是对重点学校的压力。我们自己对某城市家长进行过一次不完全的调查，问题是"您希望您的孩子取得什么样的学历？"结果有26.7%的父母希望自己的孩子取得研究生学历，

44.6％为本科学历。"根据您孩子的实际情况,您认为您的孩子能够取得什么样的学历?"对这一问题有11.1％的父母回答为研究生,33.8％的父母回答为本科生。可见,父母的教育期望远远高于孩子的实际水平。父母望子成龙心切,盲目地追求升学率。于是,家庭和社会一起向学校施加压力。

其五是地方行政部门"指挥棒"的强化作用。领导也有巨大的压力,既来自下方(百姓),又来自上方(更高领导),还来自中方(兄弟地区,姊妹学校)。各方有形无形地将升学成绩和考试成绩作为衡量学校和教师水平的一个重要标准,甚至是唯一的标准。

其六是继续教育的软弱无能。我这里的"软弱无能"有三层意思:一是显得薄弱,名额有限;二是不被重视,电大、夜大的毕业生大多数解决不了改变社会地位的实际问题;三是不能像普通大专院校那样,一拿到文凭就可以与就业、与社会流动挂钩。

应该充分肯定,国家为了克服"应试教育"现象,自1992年以后,中国高校连年扩招,教育工作进入了一个新阶段,我国的普通高校规模以6％～20％的年增长率(高于国际增长率)迅速发展,1997年在校生为317.38万人。1997年招了100.04万的新生,至2004年大专院校已招400万新生。但同年普通高中、职业高中和中专与中技毕业生共计800多万,高校的新生也只占高中毕业生的一半,占同龄人的30％。统计可知,全国的大专毕业生约占总人口的1.5％。因此,高考形成了一种走"独木桥"的情境。加上上面分析的六点原因,"应试教育"的现象,并非一时能够解决得了的。这又为什么?因为高等院校还得用"独木桥"的方式来选拔人才,目前还没有更好的能代替这种选拔人才的办法。广大的考生,尤其是普通高中毕业生希望自己能闯过"独木桥",迈入普通高校的大门;较低社会阶层,特别是农村有志且有能力的青少年正把这种"独木桥"作为向上流动,成为较高社会阶层成员的途径。

然而,"应试教育"的弊端也越来越明显。首先,由于以升学为中心,鼓励单一发展,忽视个性培养,势必违背全面发展的教育目标。其次,由于以应试或考试为目的,学校的教育片面化,即重记忆轻思维、重知识轻智能、重智育轻德育,不利于学生创造性的发展,不利于人才的成长。再次,以淘汰多数学生为代价,造成广大学生压力过大,负担过重,师生关系紧张,严重地影响了相当多学生的身心健康。最后,片面追求升学率,过早文理分科,影响了学生完整知识结构的发展,加剧了教师队伍的不合理竞争,影响教师队伍的建设。此外,学生过多购买练习资料,也在一定程度上增加了家庭的经济开支。

我希望通过教育改革,来逐步改变"应试教育"这种现象,克服其种种弊端。

关于"素质教育"

近年来,对"素质教育"的呼声越来越响,我们所欣赏的是下面两种观点。

一是推行素质教育,最终还是提高全体学生的全面素质,即全体学生都获得全面发展。近几年搞"素质教育"收获最大的一点,恐怕就是教育界重视起这"两全"问题的重要性,并为之努力。

二是我国的教育目标,还是全面贯彻国家教育方针,保证受教育者——学生的全面发展。我在第一章提出,"素质"是质量的意思。邓小平同志早在1978年就曾指出:"培养人才有没有质量标准呢?有的。这就是毛泽东同志说的,应该使受教育者在德育、智育、体育几方面都得到发展,成为有社会主义觉悟的有文化的劳动者。"邓小平同志的论述进一步明确了我国教育的培养目标,使我国的教育目标更显得有连贯性。因此,近年来提高学生素质的教育目标,就是我国的全面发展教育目标。

1. 为什么要提高全体学生的全面素质

当今任何一个国家的教育发展水平,都是与适龄儿童青少年的"入学率""文盲率"联系在一起的,这说明教育对象的全民性。我国普及九年义务教育的目的也体现了这种全民性。教育对象的全民性就要求学校中每个学生的素质都获得提高,因为他们每个人都是我们的教育对象,每个人都有接受教育提高素质的权利,同时他们又都是未来的国家公民。如果说今天我们再强调"振兴中华",提高中华民族的素质的话,那么民族素质归根结底是建立在提高每个个体成员或公民素质的基础上的。现在的教育能否面向全体学生,全体学生素质如何,直接决定了我们明天的科学水平和生产水平能够达到一个什么样的程度。现在的学生是跨世纪的建设者和劳动者,他们的素质如何,直接关系到现代化建设的成败,关系到国家的前途和命运。为此,不少发达国家的领导人指出,衡量一个国家未来的国力不完全取决于今天的经济实力,而在于智力,在于教育培养出多少人和什么样的人。因此,我们应该从未来这样一个战略高度来发展我们的教育事业,来讨论如何提高全体学生的素质问题。

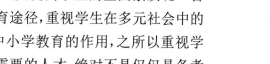

我们一次又一次强调教育是以提高人的素质,即提高人的质量为目的的。这种素质或质量,绝不是指某一种单一素质如何表现,而是全面素质都得到提高和发展。全面素质提高和发展的人是全面"获得充分的自由的发展和运用"的人。为什么要提高学生的全面素质呢?首先,社会化的功能透过德、智、体等诸育途径,重视学生在多元社会中的价值统整素质,完成其任务。其次,中小学教育的作用,之所以重视学生的全方位发展,是因为未来社会所需要的人才,绝对不是仅仅具备考试能力的人。社会越发展,越需要适应于多变环境的多元素质的人才。最后,学校的组织维护功能日益重要,现代学校的分工与协调、教师的权威、教师的角色、行政与教学关系等,都要各自发挥其作用,即从各自的任务出发,多方位培养学生的素质,中小学正是要发挥各种组织系统,维护这种多元素质的培养。

鉴于上述分析,提高全体学生的全面素质势在必行。因为我们教育者所持的理念是:一切为了学生的"一切"。

2. 什么是全面素质
在我国,全面素质有以下三种解释。

一是按教育目标解释全面素质。20世纪50年代我国中小学教育目标为德、智、体三育；20世纪60年代和20世纪70年代增加了美育和劳动教育。现在不同文件中有不同的提法，但德、智、体、美、劳五育，一般能被广大师生所接受。我国台湾地区的中小学，在20世纪60年代之前，提倡的教育目标为德、智、体三育，即重视品格的陶冶、知识的传授、体格的锻炼。1968年，为贯彻九年义务教育增加了群育（人际关系或交往），接着又增加了美育。不管是几育并重，事实上都有其社会意义，都体现了全面发展或发展全面素质。

二是在倡导素质教育中提出了全面素质，即全面提高学生的思想道德素质、科学文化素质、劳动技能素质和身体心理素质。这里与德、智、劳三个教育目标相比，增加了一个"身体心理素质"。它强调了身心发展的全面性，旨在重视学生个体身心差异的基础上，使其在德、智、体、美、劳、群诸方面素质都得到发展；它强调就每一个学生而言，各种素质总是相互影响、相互促进的，人的全面素质是各种素质和谐的整合结果。在一定意义上说，心理素质决定着各种素质发展的质量水平，甚至决定着学生最终能否成才。所以，实施素质教育时必然突出心理素质教育，以便把素质教育提高到一个新的层次。

三是从"四有"人才去认识全面素质。从1982年起，邓小平同志多次提到"四有"人才。在党的十五大报告（1997年）中，进一步把"培养适应社会主义现代化要求的一代又一代有理想、有道德、有文化、有纪律的公民"，作为有中国特色社会主义文化建设的一项重要任务。"四有"是社会主义新人必须具有的基本素质，是包括思想道德素质和文化素质两个方面的统一整体。对中小学生来说，要加强理想教育，理想是人的奋斗目标，是其事业和生活的精神支柱；要加强道德教育，提高其思想道德素质；要加强科学文化教育，提高其科学文化素质；要加强法纪教育，增强其法制观念，提高遵纪守法的自觉性。

尽管以上三种对全面素质的提法及其解释有所不同，但精神实质却是一样的，即提高全体学生的全面素质。然而，不管哪一种提法，总是

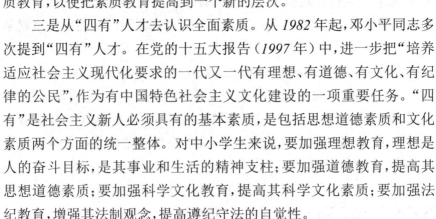

从某一个侧面在强调全面素质。要真正全面概括整体素质，是有一定困难的，从 1998 年 5 月 4 日起，党和国家领导多次强调创新，提出我们的教育要培养和造就高素质的创造性人才。但以上三种解释，哪一种也没有提到创新，所以今天强调的素质教育，是以创新精神为核心的，由此可以提高全体学生的全面素质。当然，关键还在于"两全"，只要我们教育工作者，不论是教育部门的领导，还是教师，心中装有"两全"理念，并能真正付诸行动，那么我们一定能把自己的学生培养为具有全面素质的人才。

3. 怎样提高全体学生的全面素质

首先，要树立正确的人才观。什么是人才？传统的教育观念往往把人才等同于天才和全才，我们国家一般把那些"德才兼备""又红又专"的人称为人才。现代的教育观念则强调人才的多样性、广泛性和层次性，认为凡是为社会做出贡献的人都应该算是人才。换句话说，除了那些"德才兼备"和"又红又专"的人是人才以外，那些在某一方面发挥了特长而与众不同的人也是人才。现代的教育观念还对学校如何培养未来人才提出了新的要求：要重视培养学生的现代意识，如珍惜时间、讲求效益、遵守信誉、善于合作、勇于竞争等；要重视培养学生的创新精神和创造才能，以及独立获取知识并运用知识解决实际问题的能力；要尊重学生的人格，重视发展学生的个性特长。

现代的人才观要求我们的学校教育必须从以下两方面人手：一方面，教育要面向全体学生，培养适应社会主义建设的各级各类人才；另一方面，教育要使每个学生都在德育、智育、体育、美育、劳动技术教育等各个方面得到全面发展。如前所述，全面发展并不是平均发展，因此要发展个性，坚持因材施教。在人才发展中，我们的课题组提出，既鼓励"冒尖"，又允许暂时"落后"，目的在于致力于探索面向 21 世纪的现代办学模式，勇于改革，奋力开拓，坚持实施全面素质的教育。

其次，要改革教学的内容。课堂教学是教学工作的主渠道，是素质教育的核心。科学文化素质在学生的基本素质结构中处于核心的地位，对他们的全面发展具有极其重要的作用。因此,改革教学内容,即狠抓教材建设、课程设置、评估体系和考试改革,将其提高到教学改革最显著的位置上,以此来全面提高教育质量,全面提高学生素质。

在教学实验中,我们一直呼吁教学评估体系的改革,也制定了许多评估的工具,因为评估是一种指挥棒。评估中,既要把科学文化知识作为重要的内容,又要充分重视全面提高学生素质,发展学生个性特长,即有同知识与智育相对应的德、体、美、劳、群的评估体系,发展每一个学生的个性,并注意挖掘各种各样的特长生。此外,评估要"因地制宜",应极其真实地从各地教学第一线出发,而不是从学者角度出发。

如前所述,素质教育同样需要考试。从提高学生的全面素质出发,我认为考试应遵循如下六条原则:①加强基础。应该把中小学教学的基本科学文化知识及基本技能技巧作为考试的主要内容。②顾及能力。要考虑智力与能力试题的比例,年级越高,智能试题应该越多。智能试题并不等于智力测验,而是应用学科的语言,考核学科能力的水平。③突出创新。在能力中创新或创造性能力最为重要,它不仅体现能力,而且反映了创新的意识。所以,试题必须要有测定创新的成分,以考核学生新颖、独特且有价值的答题内容和思路。④信度效度。试题应具有客观性、可靠性和稳定性,不因为测定时间先后或场合变化而对成绩造成显著的影响;试题应具有真实性、准确性,客观的考试应该与师生主观的评估具有一致性。⑤区分层次。智力测验里标准化处理有一个以难度水平为基础的"区分度",我看可以借鉴。试题太难或太容易都不好,适当的难度水平才能区分出学生的不同层次等级来。⑥富有弹性。试题的弹性,不仅指区分度,而且指能否测出一定的个性特长。总之,考试的成功与否、公平与否、客观与否不在"试",而在于"题",即用什么"题"考试。

最后,要改进教学方法。教育要面向未来,未来的社会需要大量具有全面素质的人才,这就要求我们的学校教育,既要为学生今后的发展打下坚实的知识基础,又要从小注意发现和培养学生的特殊才能和全面素质。传统的教育方法往往利用大量累赘的知识和"标准化"的练习迫使学生死记硬背,学生没有时间消化,没有时间思考,完全忽视了对学生的积极主动精神和创造精神的培养,忽视了对学生自学能力和特殊才能的培养。目前,国外教育界正在提倡培养"T"型人才,中国教育界也积极响应。在他们看来,这以英文字母"T"为形象表示的人才,是指知识面广(用"一"表示),且有一门精深专业知识(用"｜"表示)的人才。所谓"T型人才,"横"代表着西方的教育观念、教学方法、教学模式,"竖"代表着东方的教育观念、教学方法、教学模式。可以用图3来表示。

西方模式→ 知识面宽　创造力　适应性　独立性　实践能力
东方模式→
逻辑思维
知识深度
理解水平
集体主义
遵守规范

图3　"T"型人才

　　为提倡培养这种新型的"T"型人才,我向中小学教师提出三点建议:其一是要善于质疑,提出富有启发性的问题,指明所学知识的价值,以激发学生对知识本身的兴趣,培养学生对真理的探索和追求精神。其二是要启发学生积极思考,并给学生以思考的时间,因势利导,使学生的认识向纵深发展;启发学生理解学习的过程,并结合学习过程对学生进行思维方法的指导,使学生掌握思维的方法,学会思考;引导学生亲自观察、动手操作,在多种教学实践活动中激发和培养学生独立解决问题的能力和创造能力。其三是要建立民主平等的师生关系,创造民主和谐的教学气氛,鼓励学生发表不同的见解,允许学生向教师提出质疑,重视在班级教学的统一要求下区别对待上、中、下各类水平的学生,尊重学生的个性差异。总之,培养"T"型人才,在一定程度上可以提高全体学生的全面素质。

关于因材施教

为什么要提倡"学有特色",为什么强调"因材施教"？因为人才及其智能存在着个体差异:从其发展水平的差异来看,表现为超常、正常和低常的区别;从其发展方式的差异来看,有认知方式的区别,特别是表现为认知方式的场独立性与场依存性;从其组成的类型来看,表现为各种心理能力或学科能力的组合和使用的区别;从其表现的范围来看,表现为学习领域与非学习领域,表演领域与非表演领域,学术领域与非学术领域的区别。

由于上述学生智力与能力的种种个体差异,必须进行因材施教。在教学过程中,如果离开了因材施教,就得不到应有的效果。

1. 智能发展水平的差异及其因材施教

同年龄或同年级的中小学生,他们在智力与能力发展的水平上是不一样的。智力发展或某种能力,显著超过同龄或同年级学生平均水平者,称为超常学生;智力发展或某种能力,明显低于同龄或同年级学生平均水平,并有适应行为障碍者,称为低常学生;智力发展或某种能力,没有明显偏离正常和没有障碍的学生,称为正常学生。

这里所说的"发展水平",也表现为智力与能力发展的年龄差异。也就是说,中小学生智力与能力表现有年龄早晚的不同,有的人智力与能力显露得早,即所谓"早慧"或"人才早成";有的人智力与能力显露较晚,甚至有所谓"大器晚成"的现象。智力与能力显露较早者,有的属于智力超常学生,有的则只是属于智力与能力早熟而非超常学生,因为他们虽然能力显露得较早,但随着年龄的增长,就不再显示出超常的水平。而智力与能力表现较晚的,也未必不是"天才",因为能力晚颖、大器晚成的事例是很多的。所以,我们要平等全面地对待超常、正常和低常等发展水平的个体差异。

智商可用以比较中小学生智力发展水平的高低。若低于90,则表明其智力发展水平较低;大于110,则表示其智力发展水平较高(见表1)。

表1　智力商数的通常分布

智　商	类　别	占总数的%
130以上	智力超常	1%
110~129	智力偏高	19%
90~109	智力正常	60%
70~89	智力偏低	19%
70以下	智力低常	1%

一般认为,智力商数有一定的稳定性,但在良好的环境、教育和主观努力下,可以有一定程度的变化。可见,智力低常、正常和超常,是稳定性和一定程度的可变性的统一。

根据学生智力与能力发展水平的差异,我认为,除了办好普通中小学教育之外,还应该抓好两头教育。超常教育是应该创办的,我先后去过北京八中和中国人民大学附中,为他们的超常班做过鉴定;我也与中国科技大学少年班有过联系,公正地说,我国的超常教育是有成绩的,它为我们国家培养了人才。对于成绩落后的学生,甚至智商稍低的学生,如果及时采取补救措施,他们也是能成才的。我们课题组先后改变了近600所基础薄弱学校,课题组里的郑士平老师,曾一度专门进行补救后进生问题的研究,而且取得了较显著的成绩。这里,我还要举一个有趣的事例,当今美国研究智力最有造诣的是前面曾提到的斯腾伯格。他在上小学和中学时智商偏低(低于90),但他认为,这辈子如果成功了,绝对不是智商,而是"成功智力",而"成功智力"正是他杰出的智力理论。

2.认知风格的差异及其因材施教

认知有没有风格呢?有。它叫认知风格或认知方式。智力与能力的认知方式,对中小学生学习的影响是明显的。

所谓认知方式,就是个体在对信息和经验进行积极加工过程中表现出来的个体差异。它是一个人在感知、记忆和思维过程中,经常采用的、受到偏爱的和习惯化了的态度和风格。在众多的认知方式中,由威特金(Witkn)提出的场独立性和场依存性,是近年来研究较多的一个。

场独立性与场依存性,是两种相对的个性形态。场独立性表明,个体在认知和行为中,较少受到客观环境线索的影响而注重主体性的倾向。场依存性表明,个体在认知和行为中,往往倾向于更多地利用外在的参照标志,不那么主动地对外来信息进行加工。

以典型的场独立性与场依存性为两个端点,构成了不同认知方式的一个个性连续体。一端在对信息加工时倾向于以内在参照为指导,另一端则常常倾向于以外部参照为指导。相应地,每个人在场独立性-场依存性连续体上都占有一定的位置,所以除了少数人以外,大部分人都或多或少地处于中间位置。这种认知方式的个体差异,影响了中小学生的学习活动,甚至影响了他们的智力与能力的发展。我的学生白学军的硕士论文,揭示了认知风格在思维品质诸方面的表现,并得到了"在一定意义上说,思维品质不仅是一种思维特征,而且是一种认知方式"的结论。由于生活实践包括学习中各种不同性质的活动,对人们心理活动特征有不同的要求,因此我们不要轻易地做出场独立性或场依存性两种认知方式好坏优劣的结论。

在自己的教学实践中,我强调思维品质诸特征和场独立性与场依存性是相互联系、相互补充的,共同构成全面而丰富的智力与能力的认知方式,充分考虑到不同学生学习所受客观环境影响的程度及主体主动对外信息加工的水平,以便有的放矢地对待,并帮助其一一建构适合自己个性特点的认知风格。

3.学科能力构成的差异及其因材施教

中小学生智力与能力组成的类型突出地表现在学科能力类型上。构成中小学生学科能力类型的因素很多,大致有以下几个方面。

第一,学科能力本身组成的因素。例如,第六章中所讲的学科能力的结构,组成各学科内在结构因素的不同,构成了学科能力类型的区别,也造成了中小学生掌握学科能力的差异。针对不同学科能力的特点,我们实验点教师采用了不同的教学方法,以达到教学的目的。

第二,个体内在生理类型与学科能力交叉。中小学生有的属于艺术型,有的属于思想型,有的属于中间型;有的偏左脑功能,有的偏右脑功能,有的较为均匀。而学科又有区别,有的属文科,有的属理科,有的属于交叉学科。于是,在众多的交互作用因素中,对不同中小学生来说,会造成掌握学科能力类型的明显差异。在教学中,我们实验点的教师既尽量不使学生过早造成偏科的倾向,又根据其特点,发挥其特长。在初三和高中职业指导上,充分考虑到各自的特长,给予积极的引导。如图4所示。

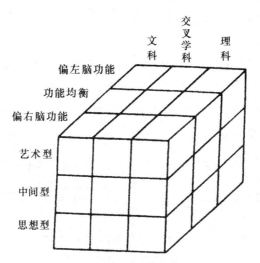

图4　学科能力中不同类型的构成

第三,学生学科兴趣。中小学生心理能力的发展,往往取决于非智力因素,我们已经论述过这个问题。这里,只强调一点,中小学生学科能力类型,取决于其学科兴趣的水平。

中小学生的学科兴趣发展有一个过程。刚入学的新生,学习兴趣没有选择性和分化性,但到一年级下学期,就表现出对语文和数学的兴趣方面的差异,第二年更有发展。表2为调查的结果。

表2　小学低年级学生学科兴趣的差异

年级	喜欢语文和数学	喜欢语文	喜欢数学	不喜欢语文和数学
1	55%	30%	10%	5%
2	40%	40%	15%	5%

当然,这仅仅是学科兴趣个体差异的开始,随着知识的增长,小学生对语文、数学,乃至历史、地理、自然等,表现出一定的选择性兴趣。但是小学阶段学生的学科兴趣总是不稳定的。我们在教改实验中发现,小学生学科兴趣很大程度上决定其学习成绩的好坏。于是,我们设法帮助小学生提高学习成绩,这是使他们保持和提高对多种学科兴趣的重要因素。

中学阶段,学生学科兴趣分化较大,且随着年龄的递增而日趋明显化,还出现了男女学生学科兴趣的差异。中学阶段男女生的学科兴趣有无差异,这在国际心理学界是有争议的。下图5是美国和日本一些心理学家的研究成果。

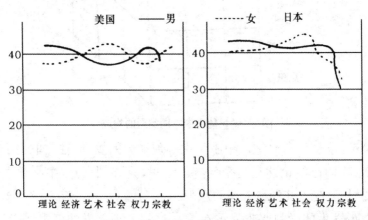

图5　男女高中生学科兴趣比较

　　可见,日本与美国的高中男生重视理论的、经济的、权力的价值,女生重视艺术的、社会的、宗教的价值。两者的不同点在于,美国学生重视宗教的价值,日本学生重视社会的价值。

　　通过调查发现,我国男女中学生对文、理两科的兴趣是有差异的。图6和图7表明:男生对理科的兴趣稍大于女生,女生对文科的兴趣略大于男生。这是我国中学生学科兴趣的一个重要表现。

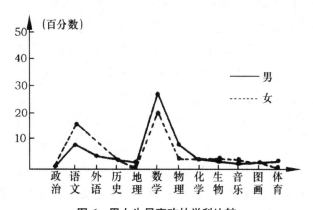

图6　男女生最喜欢的学科比较

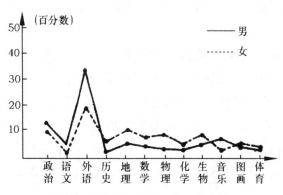

图7　男女生最不喜欢的学科比较

　　针对男女生不同学科兴趣的特点,从每个学生的学科兴趣出发,进行不同方式的引导,这是我们实验点教师在对学生因材施教培养中所重视的一个问题。

4.表现范围的差异及因材施教

智力与能力表现范围的差异有以下三个方面：

第一,学习领域与非学习领域的差异及其因材施教。中小学生在学习领域上的差异是显著的,而学习的好坏,尽管对后来的发展有相当大的影响,但并不一定表现出人才的优劣。1987年我去美国参加第七届世界天才儿童青少年与天才教育学术大会,会上表彰了一名17岁学习成绩平平的中学生,称他是天才少年,因为他曾组织二三十名小伙伴,帮助公交和航空公司打扫卫生,使爱干净的美国人愿意坐该公交和航空公司的汽车和飞机,其经营扭亏为盈。大会给予这名学生一万美金的奖励。对此我心里有点儿不平衡,回来向老教育家霍懋征老师汇报了此事。霍老师乐了,让其高足樊大荣老师给我讲述了一名北京第二实验小学毕业生的故事。该生曾上了九年小学,几乎每上一个年级就留级一次,而今,却靠完全正当的手段成为一位董事长。尽管当年学习不好,但现在他非常重视知识,聘用了不少博士硕士,用"借脑袋"的方式来发展自己。因此,在学习领域,教师更要突出因材施教,应该对学生一视同仁,尤其是对待那些学习成绩比较薄弱的学生,更要给予耐心而热情的帮助,除了提高其学习成绩之外,还要鼓励其在非学习领域内成才。

第二,表演领域与非表演领域的差异及其因材施教。表演领域主要指体、音、美领域。在教改实验中我们看到,有的学生在体育领域、艺术领域表现出特殊才能,有的学生却在这方面能力平平,或几乎没有发展前途。对前者,我们着重在表演领域加强辅导,给其"开小灶",为他们办展览和申报奖项,向有关部门积极推荐,让其发挥特长为国家做贡献。对后者,除了学好体、音、美应学的课程外,还应鼓励他们向别的领域发展。

第三,学术领域与非学术领域的差异及其因材施教。学术是指较为专门系统的学问,学术领域的能力,主要围绕着学问而展开。中小学生在学校学习阶段,谈不上有什么学术能力,即使在中学阶段出现的,也只是学术领域智能的萌芽。非学术能力范畴较广,诸如管理、行政、组织、服务、军事、宣传等。当然,这些领域也有学术问题,但这些领域的智力与能力表现,又是另一种性质了。在中小学教育中,鼓励学生树立志向,是培养其未来从事学术与非学术领域工作的一种途径,各科教学及课外校外活动,是另一种途径。更重要的是上一章里阐述的职业指导,这是根据学生智能表现进行因材引导的一种好途径。从事学术领域工作的人毕竟是少数,中小学教育应为社会输出各种各样的人才,因此,我们在教改实验中把英才教育与提高普通教育质量统一起来,大面积地提高教学质量,培养各种非学术的智力与能力。

我始终坚持一种观点,即"天生其人必有才,天生其才必有用"。中小学教育是打基础的教育,所以必须把全面发展和学有特色两者统一起来。只要帮助学生选择好既符合社会需要,又适合其人、其才、其趣的工作,我相信每个人都能在各自的工作岗位上做出自己的成绩,这就是"行行出状元"的道理。

创设一个主动而生动活泼的发展环境

毛泽东同志曾经指出,承认学生在学习过程中的主观能动性,就应当让他们生动活泼、创造性地主动学习。毛泽东同志让学生生动活泼、主动发展的理论,主要包含了三方面的意义:一是把学生当作学习的主人,这是学习过程中的首要因素;二是学校必须在各个方面充分体现出关心和爱护学生,使他们能够在良好的学习环境中健康地成长和发展;三是学校在教学过程中,必须注意处理好普及与提高的关系,保证大多数学生能够在统一的教学大纲要求下,按正常的教学秩序共同进步,要注意因材施教,允许并鼓励学生发展其个性特长。

"敬、静、净、竞"正是体现了毛泽东同志的教育思想。对于这四个字,我具有以下看法。

"敬"有两种含义,一为敬业,二为敬重。敬业,对教师说来是一种师德的要求,即忠于事业,教书育人;对学生说来是一种义务的规定,即好好学习,天天向上。敬重,指师生互敬,或尊师爱生,它体现了我们中华民族的传统美德。尊敬教师,是学生应有的品格和为人处事的规范;尊重学生,教师才能够关心和爱护学生。所以这一个"敬"字,体现了敬业乐群的思想,是一种事业的理想。

"静",不仅指为了学校教学工作的顺利开展,应保持校园环境的安静,还包含一种"守(有)纪律"的意义,用"静"衬托出纪律性。邓小平同志指出:"有了理想,还要有纪律才能实现,纪律和自由是对立统一的关系,两者是不可分的,缺一不可。"所以这一"静"字,体现了提高遵纪守法自觉性的思想。

"净",从字面上理解是"干净"的意思。但"干净"绝对不是单纯指环境的干净,而是提倡师生要保持"心灵"的干净和纯洁。这种干净和纯洁,在一定意义上又反映了学生生动、活泼、可爱的精神面貌。所以这一"净"字,体现了让学生度过欢乐的童年期和青少年期的思想。

"竞"字当然意味着竞争,这既有时代的意义,又预示着未来。竞争意识是一种现代意识。尽管同学关系可以亲如手足,但我们不能回避一种现实,诸如升学考试等就是一种竞争。"竞"字激励教师力争上游,获取先进;激励学生从小树立竞争意识,激流勇进、争创一流,即当学习的主人,当命运的主人,以把握自我,主动发展。当然,我们的竞争是社会主义的竞争,是一种团结友好的竞争,是提倡互相帮助、互相促进、互相关心的竞争。所以这一个"竞"字,体现了团结奋进的思想。

第四章

教师的境界与教育

人生境界的四层次论

不管如何分类与分层次，人生境界终归是人与人对做人做事的意义理解不同而形成的看法。由于人们对所做之事的了解不同，因此形成的意义不同。同一个人做不同的事意义不同，或不同的人做不同的事有不同的意义，是可以理解的。但有可能不同的人做相同的事，也有不同的意义；相同的人在不同的时候做同一件事，意义也不同。而且，不同的做事意义便会形成不同的层次，不同的层次即不同的人生境界。冯友兰先生认为，不同的人可能做相同的事，但是各人的觉解程度不同，所做的事对于他们也就各有不同的意义。每个人各有自己的人生境界，与其他任何个人的都不完全相同。若是不管这些个人的差异，我们可以把各种不同的人生境界划分为四个概括的等级，它们是自然境界、功利境界、道德境界、天地境界。人对做事的"觉解"有差异。所谓"解"，即是了解，"觉"则是自觉。了解是借助观念而进行的认识活动，自觉则是人对自我的一种反思意识。冯先生根据"觉解程度"的不同把人生境界从低到高地排列为自然境界、功利境界、道德境界和天地境界。这四种境界各有什么特点呢？

1. 人生的自然境界

所谓人生的自然境界，"在此境界中的人，其行为是顺着他的才能或顺着他的习惯与社会风俗去做。既无明了的目的，也不明了所做的各种意义"。人生的自然境界，只是按着人的本能习性与社会风俗去做事，从某种意义上讲，是人的本能或社会惯性在推动着人的某种行为的发生，他自己对于所做的事情，并没有什么理解或了解。这样，他所做的事对于他就没有什么意义可言。所以说，人生的自然境界，就是不能"觉解""做事"的"意义"的"境界"。吃喝就是吃喝，休息就是休息，教书就是教书，治病就是治病，打官司就是打官司，经商就是经商，学习就是学习，画画就是画画，唱歌就是唱歌。处在自然境界的人，就如同处在"日出而作，日落而息"的原始生活状态的人一样，他们浑然不觉做事的意义，"他们未曾了解做某件事情的意义。他们既不懂得为什么要这样做，又不明白做某件事情有什么意义，所以他们可说没有自觉。往好处想,不问人生的目的是什么,而是自然而然地"生",因为此境界的目的就是"生"而已。例如,《庄子·秋水》中有这样一段对话便表达了这样的顺其自然地"生"的境界,"夔谓炫曰:'吾以一玲踔而行,予无如矣。今子之使万足,独奈何?'炫曰:'不然,子不见夫唾者乎?喷则大者如珠,小者如雾,杂而下者,不可胜数也。今予动吾天机,而不知其所以然。'炫谓蛇曰:'吾以众足行,而不及子之无足,何也?'蛇曰:'夫天机之所动,何可易邪?吾安用足哉!'"

往坏处想,这种人生的自然境界不能不让人想起我们日常生活中常常提到的"混"。"你混得怎么样?""还行。""别提了。""挺好的。""再也混不下去了。""出去好好混。""混口饭吃。"像这样的"混事""混日子""混生活",真是活脱脱地表现出了人生的自然境界。做事,因为不得不做而不是觉得值得做;过生活,只是因为不能不活着而不是觉得生活非常有意义。做事仅为了生存,生活仅为了生存,这当然就只落在了自然境界。

2.人生的功利境界

所谓人生的功利境界,是指在此境界中的人,其行为是以追求个人的利益为目的,其与自然境界的不同之处是自然境界的人其行为无目的也不明白意义,功利境界的人其行为有确定的目的,且能明白它的意义。由此看来,超越"自然境界",意识到自己在追求个人的利益,在为自己做着目的明确的各种事情,这就是人生的"功利境界"。冯先生认为,处在这种人生境界的人,并不是完全不道德,他们做事的后果可能是利他、利社会的,但其动机却是利己的。"功利境界中的人有'我'的观念:不论做什么事,都是为着功利、为着自己的利益打算。这一批人大抵贪生怕死。有时他们亦会为社会服务,为国家做点事,可是他们做事的动机是想换取更高的代价,表面上,他们是在服务,但其最后的目的还是为着小我。"我们谈论人生的功利境界,很容易让人联想到"欲"字。一般人做什么事情,很容易从满足自己的欲望出发,从获得自己的利益出发。满足欲望,获得利益,就是做事的意义,也是生活的追求。对功利境界的人生,有人嗤之以鼻、不屑一顾,如"唯利是图、六亲不认""势利小人""见利忘义"便是用来形容功利境界之人的贬义词。但也有人对功利境界的人生大加赞赏,即所谓"人不为己,天诛地灭"等。当然,有欲望并不都是坏事情。生活在现实中的人不能没有欲望,什么欲望都没有,对人生就没有积极上进的心态,对自己都没有积极态度,更不用说对他人对社会了。但是欲望太过强烈了,又可能物极必反,走向什么欲望也激发不起来的地步,什么欲望都没有的人很可能精神处于极度疲惫状态。一位叫叶天蔚的作家曾说过:"在我看来,最糟糕的境遇不是贫困,不是厄运,而是精神心境处于一种无知无觉的疲惫状态,感动过你的一切不能再感动你,吸引过你的一切不能再吸引你,甚至激怒过你的一切也不能再激怒你,即便是饥饿感与仇恨感,也是一种强烈让人感到存在的东西,但那种疲惫会让人止不住地滑向虚无。"对什么都提不起精神的境界既非自然境界,也非功利境界,更谈不上下面要讲的道德境界和天地境界了。

3. 人生的道德境界

所谓人生的道德境界,指"在此境界中的人,其行为是行义的。所谓义与利,并非各不相关,二者表面相反,实则相辅相成。二者的真正分别,应该是求个人之利者为利,求社会之利者为义。"所谓"义者,宜也"。行为讲"义",就是讲应该,这里的应该是对他人与社会的应该而不是对自己的应该。这种超越一己之私利,意识到人是社会的存在,每个人都是社会之一员,并由此"觉解"而乐意为他人和社会的利益做各种各样的事情,并使自己所做的事情都符合道德意义。这便是人生的道德境界。"在道德境界中的人,不论所做何事,皆以服务社会为目的。这一类人既不贪生,又不怕死。他们晓得除'我'以外,上面还有一个社会,一个全体。他们了解个人是社会的一部分,个人与社会是部分与全体的关系。"

人生的道德境界,是对社会意义的"觉解",是对人"应该"如何的"觉解"。社会,是由现实的人群构成的,就其本质意义上讲,是人与人之间的各种社会关系。社会关系不外乎亲戚朋友的关系、社会人际关系和工作职业中的人事关系。人生的道德境界,就是"应该"处理好这些关系,通过处理好这些关系来为社会和他人服务。换言之,就是通过"三达德"来实现"五达道"。

什么是"三达德"呢?《中庸》中说"知,仁,勇,三者天下之达德也",而且"好学近乎知,力行近乎仁,知耻近乎勇。"那么什么是"五达道"

呢？《中庸》中说："君臣也，父子也，夫妇也，兄弟也，朋友之交也，五者天下之达道也。"处于道德境界的人，通过好学达到"智者不惑"，对人与人之间是什么样的关系便会相当清楚，然后有勇气去身体力行地遵循人际关系准则："为人君，止于仁；为人臣，止于敬；为人子，止于孝；为人父，止于慈；与国人交，止于信。"或是"父子恩，夫妇从，兄则友，弟则恭，长幼序，友与朋，君则敬，臣则忠，此十义，人所同。"其实，处理每一种人际关系就是处理好这种人际关系的社会角色定位问题。"为人君"的，即作最高领导的，要扮演好这种社会角色，就需要对下属"仁"与"敬"。"仁"即仁爱、关爱，"敬"即尊重。"为人臣"的，即作人下属的，作人辅佐的，就需要对上级领导"忠"与"敬"。"忠"即一个中心，一心一意、专心致志。君臣关系能够做到相互尊重，并且君对臣仁爱有嘉，臣对君忠心耿耿，双方都做到仁至义尽，理所当然其人生就处于一种道德境界了。同样的，父子关系中讲求父慈子孝，父知教子作善，子知报父母养育之恩；夫妻关系有恩有爱，和乐平顺，夫知疼爱和顺从妻子，妻知服从 和温存体谅；兄弟关系有恭有敬，相互关爱；朋友之间言而有信、行而有义。事实上，"人类在有了人伦的关系以后，始有所谓'人'，如没有人伦关系，则人便不成为人。"所以，人在社会生活中的人际关系不外乎就是处理这里的各种人伦关系：君臣关系、父子关系、兄弟姐妹关系、夫妻关系、同事关系、朋友关系。君臣关系、父子关系为上下关系，兄弟姐妹关系为前后关系，夫妻关系、同事关系、朋友关系为左右关系，我们能够用将心比心、"己所不欲，勿施于人"的态度来处理协调好这些关系，也就处理好了工作人际关系、社会人际关系和家庭人际关系。这就是《大学》中所讲的："所恶于上，毋以使下；所恶于下，毋以事上；所恶于前，毋以先后；所恶于后，毋以从前；所恶于右，毋以交于左；所恶于左，毋以交于右。"

从上可以看出，人生的道德境界是对人应当如何的自觉了解和不断践行，正所谓："富与贵，是人之所欲也。不以其道得之，不处也。贫与贱，是人之所恶也。不以其道得之，不去也。君子去仁，恶乎成名？君子无终食之间违仁，造次必于是，颠沛必于是。"

4. 人生的天地境界

所谓人生的天地境界，指"在此境界中的人其行为是事天的。换言之,我的身躯虽不过七尺,但其精神充塞于天地之间,其事业不仅贡献于社会,更能贡献于宇宙,而'与天地比寿,与日月同光'。惟大圣大贤乃能达到这个境界。"由此可知,超越道德境界,我的"事业不仅贡献于社会",而且还意识到自己是宇宙的一员,并为宇宙的利益而做各种各样的事情,这便是人生的天地境界。天地境界是一种"万物并育而不相害,道并行而不相悖"的境界,是"天地与我共长久,我与日月同光辉"的境界,只有善而没有恶的至善境界,最丰富最美好之人生便获得了,这种境界只有"大圣大贤"才能达到,因为"大圣大贤"置个人生死于无所谓,没有个人利益的计较,一切以服务社会之上的宇宙为目的,即以"天下太平"为己任,以服务天下众生为己任。正如冯友兰先生所说:"天地境界中的人,一切皆以服务宇宙为目的。他们对于生死的见解:既无所谓生,复无所谓死。他们认为在社会之上尚有一个更高的全体——宇宙。"天地境界中的人,不仅是社会的一员,同时还是宇宙的一员。他是社会组织的公民,同时还是孟子所说的'天民'。有这种觉解,他就为宇宙的利益而做各种事。他了解他所做的事的意义。自觉他正在做他所做的事。这种觉解为他构成了最高的人生境界。

在中国文化中,宇宙是一个蕴涵着无限生机与活力的有机系统存在。在这个生机盎然的宇宙系统中,人生于天地之中,立于天地之间,并以自己的创造性活动来"赞天地之化育",以自己的参悟能力感觉到了"宇宙即是吾心,吾心即是宇宙。"因为"吾心"能理解宇宙之"大":"道大,天大,地大,人亦大。域中有四大,而人居其一焉。人法地,地法天,天法道,道法自然。"在这种天地道人共存的宇宙中孕育出人生的天地境界,天地境界超越人与己、内与外、物与我之区分,通过人效法地之"厚德载物"之品质,地效法天之"自强不息"之品质,天效法自然本来如此的自然法则,从而知天、事天、乐天,达到追求"天人合一"的理想精神状态。

而且,天地境界在今天或许有更为真实的意义。今天科学技术的大发展导致了令人头痛的环境问题、生态问题。环境问题、生态问题最根本的在于心态问题,如果人的心灵达到天地境界,追求人与自然的和谐,不盲目地、有掠夺性地获取自然资源,那么所谓的环境问题、生态问题就会迎刃而解了。

5.人生四境界的归宿:寻求人生意义

人生在世,值得还是不值得,是就人生的意义而谈论的。人生讲求境界就是在讲求意义(significance),而不是在讲求涵义(meaning)。首先,"涵义"是在"可信"的范围之内,所指称的对象是确定(特定、具体)的,从而是可以通过经验证实的;而"意义"所指称的并非实在对象,而是某种境界,即意境,它具有无限性指趣。其次,"涵义"所表达的同样总是确定的欲求,这种欲求最终会受制于人的自然生存需要;"意义"所表达的不是人的自然生存需求,也不是基于自然欲求之上的任何具体特定的目的,而是人超越动物界、实现人性的升华需要,它同样具有无限性特征。另外,"涵义"的主体欲求与指称对象构成功用技术性关系,体现的是手段价值;"意义"对终极价值目的的追问,使意义与自我意识密切相关。而且,"涵义"是可以"说清楚"的,可纳入"是"的判断之下;意义是涵义的人性化解读。

从上面的探讨中可以看出,所谓人生的意义,人生落在什么境界,全凭我们对人生的了解。自然境界、功利境界、道德境界和天地境界"这四种人生境界之中,自然境界、功利境界的人,是人现在就是的人;道德境界、天地境界的人,是人应该成为的人。前两者是自然的产物,后两者是精神的创造。自然境界最低,其次是功利境界,然后是道德境界,最后是天地境界。它们之所以如此,是因为自然境界,几乎不需要觉解;功利境界、道德境界,需要较多的觉解;天地境界则需要更多的觉解。道德境界有道德价值,天地境界有超道德价值。"自然境界是非道德的境界,功利境界是不道德的境界。"自然境界、功利境界的人,是人现在就是的人"。这就是说,无须觉解或无须更多的觉解,无须教化或无须更多的教化,人就具有自然境界、功利境界。只有对太过于消极的清心寡欲者,才有必要进行功利价值导向,相反,却要进行价值、境界的提升教育。"现在就是的人"或出于本能而做事,或出于物欲而做事,做事的意义狭窄。

道德境界是合乎道德的境界,天地境界是超道德又最道德的境界。"道德境界、天地境界的人,是人应该成为的人"。这就是说,没有更高甚至是最高的觉解,没有系统的甚至是完善的教化,人难以达到道德境界、天地境界。趋己之利避己之害是自然境界,趋己之利避己之害甚至加害于人是功利境界,趋社会之利他人之利而避社会之害,甚至为趋社会之利他人之利而舍己之利、为避社会之害而趋一己之害,这是道德境界,需要系统化地教化才能达成的境界,"是人应该成为的人"。趋宇宙之利而避宇宙之害,甚至为宇宙之利而舍个人、集团、暂时之利或趋个人、集团、暂时之害,这是天地境界,也"是人应该成为的人"。

人生的境界不同,人生的态度也不一样。比如说,一个追求"意义"与追求"涵义"的人生态度到底区别在什么地方呢?因为意义发生于自觉及其了解,所以在此我用一个颇值得玩味的人生故事来说明吧。一位来中国旅游的外国人到了云南的一风景区,在去的路上,他看到一位老太太正悠哉地坐在太阳下享受日光浴,什么也没有做。这位外国旅游者对老太太的无所事事有些茫然。谁知老太太却冷不丁地冒出一句:"人生在世,不过等死而已。你干嘛要走得那么快呢?"由此看来,老太太不是拘泥于一天要赶多少路、要做几件事的"涵义"人生,而是在过一种闲适生活,这种闲适生活也不失为一种有意义的人生境界。

人生在世,人生百态:顺世主义者的逆来顺受、同流合污;愤世主义者的藐视一切、恣意妄为;游世主义者的玩世不恭、及时行乐;入世主义者的奋力拼搏、苦心经营;出世主义者的看破红尘、自我解脱;超世主义者的特立独行、孤芳自赏;等等。总之,对人生觉解不同,境界各异,意义有别。

教师的境界

要谈教师的境界问题,不妨先来谈一谈"精神"这个概念的含义。

那么,什么是精神呢?我想起了毛泽东同志曾说过的"人是要有一点精神的"的名言,也想到了人们通常问候人的话"你的精神状态挺好"、关心人的话"你好像精神状态不太好,要注意休息!"其实与"精神"有关的词不只是"精神状态",你稍微想一想,就可以举出一系列与精神相关的词组来,诸如"人类精神""民族精神""国家精神""集体精神""中国人的精神""西方人的精神""个人精神""自我精神""宇宙精神""文化精神""精神财富""精神文化""精神面貌""精神世界""精神动力""精神状态""精神属性""精神品质""精神食粮""精神生命""精神生活""精神生活空间""精神生活方式""自由精神""审美精神""创造或创新精神""独立精神""奋斗精神""拼搏精神""自主精神""人文精神""科学精神""艺术精神""绝对精神""仁爱精神""忘我精神"等,当然这并不是直接对"精神"这个词进行的解释或界定,但从这些词的意蕴可以看出,任何与"精神"相关的词都与人相关,因为只有人才是精神存在物,人有"精神属性"。而且属于人的"精神"正如《辞海》所讲有多种含义:一指人的意识、思维活动和一般心理,如"创新精神""奋斗精神""拼搏精神""审美精神""自主精神";二指神态、心神的集中与指向程度,如"精神状态良好""人类精神""民族精神""国家精神""集体精神""中国人的精神""西方人的精神""个人精神""宇宙精神";三指精力、活力,如"精神不振""精神面貌好""精神动力强";四指神采、韵味,如"有梅无雪不精神""人文精神""科学精神""艺术精神""文化精神"。所以说,"精神"一词,"主要指对人的主观存在状态的描述与定位,是人所具有的一种基本属性,以及发展过程的理想归属"。人的主观存在状态是一种精神存在,人在发展过程中不断拓展"精神生活空间",采取多种"精神生活方式"追求"精神生命"的完善与提升。

人生于天地之间,头顶蓝天,生活在蓝天下;脚踏大地,生息在大地上。何以做一个顶天立地的大写的人,是定位时需要考虑的事情。教师作为人的特殊群体,除同每一个现实人一样是"顶天立地"者外,除包括人与自然的关系外,还处在人类的特殊群体——学生群体中,这是人对人的关系,因而就有个境界问题。教师的境界从小处来说,同样是上一堂课,有的兴趣盎然、艺趣丛生、乐趣无穷、令人深思,有的则索然无味、枯燥乏味、使人昏昏欲睡、精神萎靡;从大处来讲,同样为师,有的被尊为至圣大贤,怜惜天下苍生,众生与我平等,天地与我共存,日月与我同光;有的被称为教育家,引人走向光明追求理想;有的被称为人师,教人向善;有的被称为经师,教人求真;;还有的被唾为枉为人师,把人引入歧途。真可谓教师名称皆一样,境界高低各不同,造就他人与自己的命运有天壤之别。

那么什么是教师的境界呢?教师的境界指教师之所以为教师的一种基本属性,是教师教书育人的精神生活过程所达到的心灵境地,是一种心灵存在状态。有人认为教师境界表现为"教师运用教育手段、方法、方式、策略得心应手、游刃有余的自由之境;教师与学生相互尊重、敞开心怀、相视不厌、相会于心、心有灵犀的和谐之境;教师开掘教育资源的源头活水、不断领悟教育新意的澄明之境;教师在有限的、平凡的、琐碎的奉献中实现培育和延续精神生命的崇高之境;教师掌握育人规律、创造育人艺术、形成教育风格的创造之境;教师感悟教育内容美、欣赏学生个性美、体悟育人过程智慧美,体验生命律动、展开美好想象的美妙之境;教师在创造过程中物我两忘、发愤忘食、乐以忘忧、不知老之将至,悠然自得的至乐之境。"其实,教师追求"自由之境"是一种境界,追求"澄明之境""崇高之境""创造之境"也是境界。教师知足常乐是一种境界,教师奋力拼搏也是一种境界,由此看来,教师境界的表现形式多种多样,我已在本书中分章节具体阐述了教师的至善境界、理想境界、愉悦境界、平和境界,在此就不再赘述了。

提升教师的境界的价值

1. 丰富并拓展教师自身的精神生活世界

教师从事的是复杂而不可能立竿见影的创造性教育活动,年复一年日复一日地与千差万别的受教育者打交道,与变化不断的教育内容、教育环境打交道。教师如果不提升自己的境界,就会慢慢地变得麻木、漫不经心,或许是不知所措,这样一来,教师就不可能很好地完成教育使命。不只是不能完成教育使命,也让自己的职业生活变得简单、单调、枯燥、乏味,让自己对做教师失去激情与动力。所以说,教师需要提升自己的境界,从而丰富自身的精神生活世界。而且教师作为"人也被构想为一种奇妙的整体存在物,他不仅仅是人类种系的一个经验的有机体,不仅仅是理性的思考者和行动者;他同时也是超感觉和超理性之存在物,是整个宇宙至高无上的创造性力量的积极参与者。换句话说,人不仅仅具有一种无意识的、有意识的和理性的特征或现实价值,人也是一个能够超越其无意识和理性能力的超意识和超理性的主人——创造者,并且在处于最强烈和最佳创造时期所出现的'神圣的灵感',实际地、瞬间地以如此方式行动。人的最伟大的创造性成就以及人的最完美至善时刻,可以说大部分归因于这种作为超意识的主人——创造者身份的完整的人,这种超意识的主人——创造者由于人的协助得以成为一种理性思考者和行动者,并且由于人而成为一种经验观察者和有生命感的动物。人作为现实价值的这种整体性使得他能够在宇宙、在现实价值的完整世界中去从事生命活动,去认识,去创造。"

那么,教师通过"去认识""去创造"提升教师境界来丰富和拓展的教师的精神生活世界是怎样的一个世界呢?本人想用下面一段话来描述这个精神生活世界!

神话世界:对自然世界的超越;我们做教师的需要有神话情怀,敢于创造教育生活世界的神话!

宗教世界:对世俗世界的超越;我们做教师的需要有宗教情怀,敢于创造教育生活世界的神圣境界!

艺术世界:对无情世界的超越;我们做教师的需要有艺术情怀,敢于创造艺术化的教育生活世界!

伦理世界:对个人世界的超越;我们做教师的需要有伦理情怀,敢于创造教育生活世界的井然有序!

真理世界:对经验世界的超越;我们做教师的需要有真理情怀,敢于创造教育生活世界的真实无妄!

物理世界:是对虚拟世界的超越;我们做教师的需要有物理情怀,敢于创造教育生活世界的脚踏实地!

哲理世界:是对有限世界的超越;我们做教师的需要有哲学情怀,敢于创造教育生活世界的智慧境界!

情理世界:对短视世界的超越;我们做教师的需要有情理情怀,敢于创造教育生活世界的豁达宽容!

玄理世界:对功利世界的超越;我们做教师的需要有玄理情怀,敢于创造教育生活世界的自由自在!

当然还有性理世界(为善的世界),名理世界(符合逻辑的世界),数理世界(数学精神的世界),等等。

从上面所讲的教师的精神生活世界来看,事实上可以用"多重精神生活世界"来表达。在我看来,多重精神生活世界就是用不同的表达方式对人类精神活动进行表达的那些东西。所以说,教师通过自我境界的提升,定能让自己的精神生活中充满生趣、情趣、乐趣、兴趣、艺趣和理趣。

当然这些精神生活世界的丰富与拓展是需要教师通过广泛而精深地阅读才可能变为现实的,必定需要经过读书的三大境界:"独上高楼,望尽天涯路"——耐得住寂寞去博览群书;"衣带渐宽终不悔,为伊消得人憔悴"——学海无涯苦作舟,冥思苦读;"蓦然回首,那人却在灯火阑珊处"——功夫不负有心人,厚积薄发灵感现。

2. 避免及救赎教育世界的异化

关于"异化"的话题,法国思想家、自然主义哲学家卢梭曾经探讨过。卢梭探讨的是人类文明的异化问题:人类越是文明,道德越是堕落。这种异化是因为知识理性对人的自然道德的破坏所造成的,因为理性使人变得冷酷无情。单靠理性很难产生积极作用,有时候还会抑制人的活动。另外一个从世俗角度探讨"异化"问题的人便是伟大思想家马克思了。在马克思看来,所谓"异化",指的是人与自身创造物的对立,是由主体自身产生出来又反过来敌视和支配主体的异己化现象。这种对立,既表现为人与自己生产的产品的对立,也表现为人与创造过程的对立,还表现为人与人之间的对立。在今天,随着现代生活的复杂化与价值取向的多元化,异化问题更加受到世人的关注。教育领域的异化现象也有目共睹。

所谓"教育的异化事实上包含社会铸就方面的异化和人的精神的自我异化两个方面。前者意指教育作为外在于人的异己力量,监督和反对着人而不受人控制;后者意指在现代教育的辛勤劳作下,人不再感受到他是自己的力量和丰富感情以及品质的主动拥有者"。"教育作为外在于人的异己力量"的表现形式有"官僚化、技术化和群体化三种"。异化了的教育把受教育者看成了"装载"某种意识形态认同的知识与价值的仓库,受教育者只有被动地接受灌输——官僚化的表现;异化了的教育把效率与精确、整齐与标准看成金科玉律——技术化的表现;异化了的教育看不见活生生的教师个体与学生个体,教师和学生是以"教师"和"学生"这个抽象的集体名词出现的,教师和学生接受的规则与知识都是群体意义上的,而且学生成了教育生产流水线上的千篇一律的产品——群体化的表现。按理说,教育本是为着人而生成发展起来的,可人越受教育不是感觉到越来越自由,越来越幸福,越来越有意义,越来越情感丰富,越来越有自信与自豪,而是觉得越来越压抑,越来越沮丧,越来越痛苦,越来越无聊,越来越枯燥,越来越缺乏活力与生机。这便是教育异化的精神实质,是人的精神的自我异化。人的精神一垮踏下来,人还有药可救吗?

我们总说教师是人类灵魂工程师,是传道授业解惑者,是教育的主导者,是学生成长的帮助者与指导者。教师可以努力来避免及救赎教育世界的异化。可是,如果教师自身没有能力,本身就是教育异化与异化的教育的助成者,那么他又何以能够避免及救赎教育世界的异化呢?所以说,要想避免及救赎教育世界的异化,提升教师自身的境界能让教师充分体谅处于异化教育情形下人的处境、心境的意义非同小可了。正如前面所讲,教师如果有神话情怀,追求教育世界的神圣境界,就相信而且会努力去创造教育世界的神奇,就愿意化教育腐朽为神奇。教师如果有科学情怀和物理情怀,追求教育世界的真实无妄与脚踏实地,教育就不会飘浮不定不可捉摸;教师如果有哲学情怀,追求教育世界的智慧境界,就会高瞻远瞩,从大处着眼,教育就不会失去育人本质;教师如果有伦理情怀,追求教育的善意境界,教育就会完善人性,不忘教育的根本……

假如教师能带领学生一起领略教育的无限旖旎风光:神圣的教育世界、自由自在的教育世界、丰富多彩的艺术化的教育世界、秩序井然的教育世界、智慧的教育世界、真实无妄的教育世界、豁达宽容的教育世界……所有这一切没有哪一样不是教育世界的人所愿意享受的待遇。假如有朝一日教师提供这样的待遇习以成性,师生享受这样的待遇乐此不疲,异化的非人的教育世界哪还有存在的土壤! 教师只要愿意就能做到这一点,因为正如马克斯·舍勒所说,"人就其本性而言,完全能够无限地拓展他自己所能及的地方——拓展到现实世界所能延伸之境"。

3. 正视学校教育的有限性

恐怕我们这些与学校教育有着这样那样联系的教师都或多或少

经历过这样的事情：我们做的事情越多，受到的批评和责难亦越多。社会一有什么关乎道德的问题、不遵纪守法的问题，青少年一出点什么差错，人们对这所谓的过失追根溯源，便会把"罪名"加在学校教育头上。原因何在？就在于我们没有能够清楚地区分学校教育的理想与理想的学校教育。事实上，我们只能脚踏实地地去做好我们愿意做、应该做、有能力做好的学校教育之分内事。教师注重提升自己的境界，就无疑会正视学校教育的有限性这个问题，会对学校教育的理想、制约学校教育理想的因素以及如何追求理想的学校教育进行自己的思考。

（1）学校教育的理想

理想，是人对未来的追求与展望，是人的奋斗目标，是人奋发向上的源泉，诸如对未来社会发展、未来人类美好生活的向往。而且这种向往是有现实可能性的。只是异想天开但却没有实现可能性的向往人们便称之为幻想。无论是理想还是幻想，都只是一种展望，一种向往，只是一种意向，还并不像建筑师手中的图纸那样，可以照其图纸按部就班地施工了。理想，作为观念性的东西，很难对象化。理想只能为人文努力提供一个大致的方向，让人们清楚地知道：应该是向前行进而不是向后退缩，或应该向左拐弯而不是向右打转。比如说，人们对体型身高的追求方面，认为不胖不瘦、不高不矮是最理想的、最恰到好处的形象。但在现实生活中，没有一个人刚好是不胖不瘦、不高不矮，对于什么样子就等于不胖不瘦、不高不矮，也没有一个统一的量化标准。不同年龄层次的人，不同文化背景的人，不同家庭环境的人，不同地区的人，说一个人正好不胖不瘦、不高不矮，是绝好的"衣架"，恐怕实际差异相当大。这说明不同人说这话时是带着自己的情绪和价值取向的，即每个人心里都有一个自己的标准。又比如说，我们讲张三和李四是天生的一对、地造的一双时，也不过是表达了我们心目中所谓的才子配佳人或龙凤相配之类的嫁娶理想而已，这种理想也并不是可以用量化标准测量出来的。实验室里实验不出，数学公式证明不出，无论多么先进的计算机也计算不出某人刚好不胖不瘦、不高不矮，或张三和李四是天生的一对。

在此举这两个例子，无非是想向人们表明，理想是一个方向，是人们心目中模糊的价值取向。理想无法用实证方法去说明，它是人文领域的话题。我们不能把理想当作实证科学来对待。教育理想也是这样,它只不过为人们的教育努力提供了一个向前或向四周发散的价值取向,并不是教育实践操作规则或操作程序。如果说近代以前,教育理想是"学而优则仕"的单一价值取向的话,近代以来,尤其是 20 世纪以来,教育理想就太多太杂(诸如德智体美劳全面而和谐发展的各级各类劳动者),而且人们把这些越来越多的教育理想当作了教育施工的"图纸"。把教育当作了一个加工厂,没有甄别,没有反思,不作具体分析,"老板"或"雇主"说要什么样的人才,教育实践就开始不假思索地,如同生产流水线似地加工这样的人才。

在"学而优则仕"的年代,教育亦并非无所不知、无所不能。教育对"上智者"与"下愚者"几乎无能为力。孔老夫子不是说过"唯上智与下愚不移"的话吗?因为"上智者"已超乎寻常,本已"道高一丈"了,本已在登高望远而且能够"一览众山小"了。而放乎庸人之辈的教育则无法驾驭"上智者",庸人教育原本不过"魔高一尺"而已,不过拥有"坐井观天"的本事,对于井外有天、天外有天、人外有人的景观恐怕见所未见,闻所未闻了。而且也可能并没有想见想闻的雅兴,因为太费精力太费心思了,能省心能省力则省之!而教育又为什么奈何不得"下愚者"呢?"下愚者"就只有"鹦鹉学舌"般的本事了,诸如说"你好!你是个大笨蛋"之类的话你教育者纵有天大本事,纵有万般风情,"下愚者"也会"稳坐泰山,屹然不动心性",也根本不知道如何"食"你这人间烟火。假如你教育硬要一厢情愿、一意孤行,最终不过成为白白浪费良苦用心的自作多情者。教育唯有"中人可上下而导也",正因为社会上、人群中立场不坚定的可塑之才——"中人"众多,教育便有了焕发生命的机缘。孔老夫子有直觉"材料"质地差异,而教育对不同质地的"材料"是有为还是无为的智识,古希腊大哲学家柏拉图亦有类似智慧之见。他认为,一个社会是由"哲学王""军人"农工商等老百姓组成的。"哲学王"天生聪慧过人,而且肉体含有金质,既然本身含有了贵重品质,就不会再贪图这些(因为人的需要、人的欲望是由缺乏状态引起的),"哲学王"就可以站得高看得远,全心全意为他人谋利益和服务。对于"哲学王",教育虽说是为其理性的完善而出力,但总的来说是派不上大用场的。"军人"本身含有银质,教育可以培养"军人"的正义感和勇气。而一般老百姓不过是由铜质构成的,因自身缺乏贵重品质,便存在贪欲,教育的作用在于去除他们的贪欲。由此可见,教育并非万能钥匙,并非无限公司,它最多不过一个有限公司,纵有十八般武艺也并不是每一个人都能够全部学会的。

近代以来的"教育加工厂"得从文艺复兴运动所引发出的人们的主体性意识加强说起。文艺复兴运动,人权高于神权,人的尊严和人的价值高于神的尊严和神的价值,这种思想意识在人们心目中树立起来了。与此同时,自然主义哲学思想也开始在人们心目中根深蒂固。从第一次工业革命以来,蒸汽动力代替了人力,生产力水平大大提高。社会一切都统一在宇宙中,人是自然的一部分。自然界万事万物的运行是有规律可循的,只要我们遵循这些规律,并发明出与它相匹配的工具,我们对自然界的征服就可以攻无不克、战无不胜。由此,政府部门干预教育对社会需求的各级各类人才,尤其是科技人才的培养,特别注重教育为征服自然界所发挥的工具价值。第二次工业革命,电力代替了蒸汽动力,教育越来越工具化,越来越偏离了它本来的意义(为人自身的身心完善服务)。工具理性在物质领域取得的巨大成功,使我们眼花缭乱、目不暇接,人们把这种理性用之于人类的社会生活,使人类的自信心倍增,用之于人的自身潜力的开发,即逐渐由发展科学技术向自然索取转向对人自身的索取。20世纪以来,我们人类对自然的无限索取受到了自然的报复,诸如环境污染、水土流失、城市病等。物质领域越来越发达,生态环境越来越糟糕的现实表明,我们不可能而且不应该再对自然为所欲为了。因而,人类便开始转向对人自身的索取,对人自身索取需要以教育作为中介和手段。教育便越来越成为各个政府实现自己政治目的的工具。20世纪以来的世界三次教育大改革便是明证。

第一次世界教育大变革时期,是统一的资本主义世界发生裂变的时期,由一裂变为三:民族资本主义、民主资本主义和法西斯资本主义。第二次世界大战前,德、意、日的教育主要是灌输意识形态,教育被政府用来巩固意识形态,教育不再为人的发展服务。又如美国进步主义教育运动,杜威推崇科学方法,要求人们养成民主态度。他认为,科学态度、科学精神和科学方法在生活中的运用就是民主,即允许人实验、批判、开拓。科学即追求真理,真理面前人人平等。在未寻求到真理之前,人们对追求客观真理的开拓视域和开拓权利是开放的。我们国家请来"德先生"和"赛先生"的意义也就在于此。事实上,社会主义不过是工人阶级的民主主义,意识形态是共产主义而已。第二次世界大战后,社会形态分成了两大阵营——资本主义和社会主义。这个时期,人们开始意识到,美好的社会制度仅靠意识形态是无法维护的,还必须借助科学技术的力量来增强该制度的经济力量和军事力量。教育作为来料加工厂要发挥的工具作用主要是培养技术专家,尤其是军事技术专家。教育改革主要是课程改革,不管是布鲁纳的结构主义运动,还是斯金纳的行为主义运动;不管是赞可夫的教育过程最优化,还是维果茨基的最近发展区,只有教学和课程理论的发展,教育基本理论这一领域却受到了大大削弱。教育工艺化在这个时期的突出表现旨在让学生在更短的时间内更好地掌握更多的东西。

由上述可见,只要政府领导人有某种人才需要,只要社会有某种人才需求,我们的教育马上就能把相应人才创造出来。所谓教育的长效性特点(十年树木、百年树人),人们早已经忘得一干二净了,教育的本意——使人完善和使社会各种生活领域完善也被置之脑后了。从某种意义上讲,教育为科学技术发展、为经济、军事实力的增强的确起了很大作用,但社会状况却每况愈下,文化危机、人的精神危机伴随物质的丰裕而产生了。由此,社会对教育提出了新的要求,要求教育为人的开发服务,要求教育科学化。随之而来的是,在 19 世纪末 20 世纪初,教育社会学、教育心理学、教育经济学、比较教育学发展起来。教育科学化的哲学依据是,人的发展是有规律的,只要我们掌握了它们,并开发出一套与之相匹配的技术,我们对人的开发就可以前途无量,就可以攻无不克,战无不胜。其实,20 世纪以来,教育理论的发展主要是教育技术、教育科学的发展,而对人的规律的研究又笼罩在自然主义哲学中。我们可以把受教育者培养成任何社会想要的任何类型、任何层次的人才,这就是教育理想!我们的教育理想就是"一切为了受教育者,为了一切受教育者,为了受教育者的一切。"

(2)人的"非特定化"决定了学校教育的有限性

众所周知,教育以具有可教性的人为培养对象,需要从人和人的社会生活视域出发。我们想象、假定,我们的教育能够把受教育者培养成任何社会想要的"框子",可我们是否想过下面这几个方面呢?

第一,受教育者是否愿意成为那样的"框子"？第二,假如他们愿意,能否成为社会所需要的那个"框子"？第三,假如他们既有强烈的意愿也有这个能力,他们敢不敢成为那种"框子"？

这是从受教育者的角度看问题的,那么从教育者角度来讲,教育者是否愿意、有无能力和胆量把其学生培养成社会需要的那种"框子"也还是个问题。还有社会条件保障诸如物力和财力是否完全没有问题？在此,我们就拿教育要为培养创新人才或创造性人才这个话题来分析上面的几个因素吧。

教育要培养学生的创造性,可学生:①愿意创造否？②如果愿意创造,能不能创造？③敢不敢创造？我们稍微用点心,就能够从教育实验结题报告、教育改革总结纲要中发现,无论是教育方法的改革还是综合整体改革,只要是教育实验,无一是失败、不成功的实验,而且全都是一举成功、大获全胜。这在自然科学的实验中几乎是不可能的事情,而且创造成功的事例是比较少的。可在其他领域不可能的事情却偏偏在教育领域里成了轻而易举的事情。这说明了什么呢？是我们认识世界的能力太有限而认识人自身的能力太无限了？还是我们教育领域中伪科学的成分太多？要说我们人认识自己比较容易,为什么古希腊德尔斐神庙里写着"认识你自己！"的谶语而并没有写上"认识世界！"的警语呢？为什么苏格拉底因为知道自己知道得太有限、觉得自己很无知而被神视为最有智慧的人？人贵有自知之明,这"贵"字就说明大部分人是盲目自大、狂妄自傲而没有自知之明的人。既然只有极少部分人有自知之明,也就只有极少部分人对人自身的洞察、觉悟能力比较强,也就说明我们普通大众认识人自身的能力并非无限。到头来不过人云亦云罢了。

由此看来,教育要培养创造性并不那么轻松愉快,并不那么容易说得到就做得到、就办得到,或者是想得到就办得到。教育的理想——把任何人培养成任何社会需要的任何人才,也是比较难以实现的。

(3)追求理想的学校教育

既然我们追求教育理想的完全实现并不现实,我们就应该转换视角,去追求有现实基础的教育,即追求理想的教育。追求理想的教育就意味着摒弃不理想的、坏的教育。要追求理想的教育,就不得不考虑理想的教育要成为现实是受两大因素影响的:遗传素质和环境。在此主要探讨遗传素质这个因素。

有人说,人天生是文化的生物,对教育有种天生需要。究竟有哪些遗传素质,这恐怕涉及人的本性究竟是什么(人性论)、人到底是什么的问题。遗传素质与教育相牵连的第一个问题,就是教育中对人性的哲学假定。不同的人性假定就会有不同的教育主张和不同的教育实践举措,诸如柏拉图认为人性本善,教育便是阐扬人性本有的善,因而便有他的教育即回忆说;孟子主张性善论而演绎出他的《孟子》;荀子主张性恶论而演绎出他的《荀子》。西方的宗教是建立在人性恶基础上的。以法治国、以法治教、以法治师、管理育人究其根源是以人性恶为假设依据的。可偏偏在我们今天提倡的素质教育、愉快教育、成功教育等,是假定人性本善的。在知识爆炸、信息横飞的时代,主张减轻学生负担,用尽可能少的时间、花尽可能少的精力学到尽可能丰富多样的东西。以为减轻了学生负担,以为解放了学生,他们就会去看自己喜欢看的有益的书,去做自己感兴趣的好事情,去发明创造。但他们没有想到的是,学生负担一旦减下来,有的学生可能什么也不去学,什么也不做,甚至去做坏事。

外界环境一旦参与,就会按照自己的需要来为教育定基调。由此可见,教育只去做自身能够做得到的事情。所谓在自己的位司自己的职,而不是越权去谋与司他者的职。教育自身能够去做到的事情在于:

其一,教育只在为人的成长打一个基础而不是为人才的成形"打包票";其二,教育既然是打基础,培养的是人而不是人才。教育的本意是育人,人才更需要社会大环境和自身努力来造就。基础是人无限发展可能的保证,人是活灵活现的,可造就的。人才是一个限制、是一个框架。我们现在的教育,从小学开始就以人才标准要求自己,可谓走偏了方向。有人说人的起码道德标准是伦理底线,那么我们的教育也有个起码的功能底线,就是把人同动物区别开来,让人有人之为人的文化、让人有人之为人的精神。而且人是具体的人,不可能离开具体的文化背景和社会政治、经济背景以及自然环境而生存和发展。但现代科技的趋同性,如高级电器一样无国籍、无区域性,要求远离习俗、文化和意识形态的文化趋同,使我们的教育培养有时代性和民族性的具体人变得困难起来。无论如何,我们中国的教育永远不能忘记,我们培养的是人,而且是中国人,是现代的中国人,就要有现代人的人文精神:不把自己放在自然界的对立面,而是并肩同行去追求与自然的和谐;个人奋斗固然可以大展宏图,但也别忘了对社会的责任;学会合作、学会认知、学会做事,学会共同生活、学会发展、学会放弃不属于自己的领域。

总的说来,只有善于不断提升自己境界的教师才会看到学校教育的有限性,以及自己面对学校教育有限性所能做的事情,培养活灵活现的人。

4. 培养拥有"和商"品质的真正的人

当今时代是一个多元的时代,是一个宽容的时代,是一个出新出奇的时代,是一个没有什么是不可能发生的时代。这样一个时代对教育提出了严峻的挑战,也提供了一个良好的机遇:即要求教育在培养人才的工作中充分体现出这种多元纷呈、求同存异的时代精神,并使培养出来的人具有这种不但自己敢想敢为而且还允许别人,并与别人一道共同敢想敢做的精神。当今时代对教育提出的这个新课题还是教育应该培养什么样的人才是既符合人性要求又符合人类社会要求的问题。虽然这个问题涉及到的还是一个老生常谈的教育价值取向问题,但内涵却发生了变化。这种教育价值取向所培养出来的人,是一个体现了新时代新理想的个体丰富性充分得以保存和发展的理想人的形象,是拥有"和商"品质的真正的人。

(1)"和商"概念提出的背景

"和商"概念的提出,在我看来,是有其教育的时代背景并符合教育时代精神的。

近年来,随着教育学科的不断分化与融合,在教育理论的探讨多元纷呈与教育实验与实践改革一波接一波的过程中,教育新概念让人应接不暇:"主体教育""成功教育""绿色教育""生态课堂""自主课堂""校本课程""新课程""新课标""教育新理念""校本培训""质性研究""行动教育""自主学习""合作学习""探究学习"等。而且本人还注意到了与教育培养什么样人相关的一些新概念,即"×商"。

众所周知,"智商"是最早提出的"×商"与教育相关的概念了,继"智商"概念后,出现了"情商"概念,后又出现了"德商"概念。如果你现在通过网上查阅,还能发现"知商""灵商""心商"(又有两种提法,一个是心理商数,一个是心灵商数)、"创商""财商""逆商"等。

这些教育新概念的不断出现和被人们某种程度的认同,说明原来的教育概念已无法涵盖当今时代教育对人和对社会所承载的使命了。教育的内涵在不断地推陈出新,也说明人之概念,尤其是受过理想教育并符合时代要求的人之概念与人之内涵也在发生着变化。教育对人和对社会有一个整合的使命,不但塑造人而且要发展社会;教育对人的塑造又有一个整合的使命,不只是培养仅有或德商、或智商、或情商、或灵商的人,而是培养有德有智有情有灵的整全之人,是培养有和商的人。本人由此提出了"和商"这个概念。

(2)对智商、情商、德商、逆商和灵商的简要分析

如果我们用一棵树的现象来比喻智商、情商、德商、逆商、灵商和和商这几商的话,那么智商会是树干,让人有力度的稳健感;情商是花,使人有赏心悦目之感;德商是果,让人产生心安理得之感;逆商是树生长的环境,给人不安定感;灵商是叶,给人素朴之感;和商是根,根香清淡隐逸不外露,叶落复归于根,需要慢慢品味。和商就是这棵树之整体形象的生命源泉。没有根之基,树之壮何来?没有叶之茂,树之壮何以体现?没有根之基,树之美丽之花何来?没有叶之茂,树之美丽之花何以被映衬出来?没有根之基,树何以生存于变化无定的环境?树之果何以能成熟起来?没有叶之茂,树之果何以能幸存下来?

智者无惑:智商关乎做事能力的强弱。智商,是指一个人的智力水平,智力是人对事物的观察和理解,并运用其所学知识和各种生活经验解决问题的能力。传统的智力概念的内容包括记忆力、观察力、注意力、想象力和创造力等。现在的智力概念有了新的发展,称之为多元智力观:数理逻辑能力、语言智力、空间知觉智力、运动智力、音乐智力、自然知觉智力、人际智力、自我省察智力。

智力水平高者可以积累相当的常识性知识和专业性知识,因而会不断地变成智者,变成无疑惑、少疑惑的智者,变成做事能力强的智者。

然而,曾几何时,人们对教育培养人之"智商"开始特别看重起来,

"万般皆下品，惟有读书高"。学会做学业之事、学会创造性地做学业之事、学会有成效地做学业之事、学会对学业有能耐等，便是重"智商"的表现。传统的学校教育就是以培养学生的智商、提升学生的学业智力水平为主要的价值取向。学生的学习功课好，考试成绩高，能够不断顺利地从低一级的学校升迁至高一级的学校，就表明学生是成功的，教育是成功的。如果只从这种单一标准去衡量教育和评价学生，未免有失偏颇，使学生跌入"单向度的人"的巢穴。此种偏颇给受教育者作为一个现实复杂人会带来相当的危害，诸如使得学生的生活失去了丰富多彩的滋润，使得学生的人性光辉和内在精神变得暗淡了，可能会使学生"聪明反被聪明误"。

情义无价：情商关乎人际关系和谐与否。情商是情绪智商的简称，它是衡量个体非智力因素水平的数据指标。高尔曼·丹尼尔在其《情感智商》一书中说，情商是"一个人对自身与他人情感的认识、控制和调节，同时也是一个人的社会涵养和品质，是人的一种智慧"。情商包括这样几个方面的心理品质：认识并控制自己情绪的能力；自我激励的能力；认识他人情绪的能力；处理复杂人际关系的能力。情商高的人善解人意，能够将心比心，换位思考，具有很强的"移情"能力，因而人际关系比较和谐。可是，我国目前的学生群基本是独生子女，不少学生以自我为中心，唯我独尊，或孤僻，或沮丧，或冲动，或攻击性强，这就使得我们的情商教育任重而道远。

德高望重：德商关乎做事为人恰当与否。"德商"这一概念是1996年哈佛大学的心理学专家和精神病专家罗伯特·科尔斯教授在其专著《孩童的MQ》中提出的一个新术语。"德商"即品格和德性，为他人着想的善良倾向。曾几何时，人们对教育培养人之"德商"非常看重，"教，上所施，下所效也；育，养子使作善也"。人通过教育学会做人，学会做一个好人，学会做一个识礼义的好人，尊老爱幼、诚实无欺、友善合作、礼貌谦让、关心体谅、宽容他人等是重"德商"的取向。以德服人是"德商"在实践中的最高表现。

我们的"德商教育"正如教育家陶行知先生所言，"千教万教，教人求真；千学万学，学做真人"。求真为恰当做事增加力量，做真人即遵循本性做一个识礼仪的好人。如何提高学生的"德商"呢？一是通过"外得于人"的方式,即通过他人的"千教万教",提高对是非曲直、好坏美丑、善恶的道德认识,并去仿效好榜样"勿以善小而不为",去远离坏榜样"勿以恶小而为之";一是通过"内得于心"的方式,通过自己的"千学万学"、千觉万觉、千悟万悟,培养自己的道德情感。在"德商"的培养问题上,不是让学生死记硬背道德诫律便能成功的,而是需要注重让学生向外学于人、物、事,向内学于己,并不断学习如何与他人相处,怎样对待他人时逐渐形成的。

逆流而上:逆商关乎承受挫折能力的强弱。逆商又称逆境商数,指一个人面对逆境时的反应方式,换言之,就是面对挫折、摆脱困境和超越困难的能力。面对今天这样一个变幻莫测、竞争激烈的社会,一个人可能时时都会处于逆境。前两年有一本畅销书《谁动了我的奶酪》,其中就讲了"哼哼""唧唧""嗅嗅"和"匆匆"面对逆境的不同反应:"哼哼"和"唧唧"面对失去的奶酪除了哼哼唧唧抱怨和责备之外,并没有想到也不愿想要付诸行动去寻找新的奶酪,它们的命运可想而知;"嗅嗅"和"匆匆"一发现情势不妙,就立即付诸行动去寻找新的奶酪,它们的命运同样可以预见。我们今天的许多孩子无论是在学习上、生活上、工作上,稍微碰到一点困难就打退堂鼓,甚至就变得软弱无力。为了孩子能顺应时代步伐能创造美好未来,对孩子进行抗挫折能力即逆商的培养是非常有必要的。

守护信念:灵商关乎信念与价值的问题。灵商（SQ）即灵魂智力,心灵的智慧,是一种能治疗自己和创造自己整体的能力,能创造性发现新价值的能力,是一个人对人和对事物本质的慎思明辨的顿悟能力。灵商使人能够调节心理压力、保持良好心态、维持心理健康。

一个灵商特别发达的人,对于自己为生存做了些什么并不太关心;但十分关心自己内心有什么样的渴求,有什么样的梦想希望实现。对于自己处于童年、少年、青年、中年还是老年并不怎么关心;但非常想知道自己是否会为了爱,为了梦,为了生机勃勃的奇遇,而愿意像傻瓜一样不计利害得失地去冒险。对于自己成功的荣耀不是非常关心,但对于是否有什么事情触及自己悲哀的中心,是否因生活的种种背叛而心胸开阔,或害怕更多的痛苦而变得消沉和封闭却十分敏感!对于自己能否坦然面对别人的或自己的痛苦以及人的局限性而且不用去掩饰,使其加速消退或使其凝固十分在意；对于自己是否能安享自己与他人的快乐，是否能充满野性地舞蹈，让狂喜注满自己的指尖和足尖，而不用告诫自己要小心，要当心，要现实。对于自己是否能为了真实地对待自己而不怕别人失望，是否能承受背叛的指责而不出卖自己的灵魂非常清醒。同样，对于自己是否能忠心耿耿从而值得信赖，是否能在生活并不舒心的日子里也能保持精神饱满的状态，是否能从超越精神的存在中寻求自己生命的真谛，能否在身处窘境时，却依然站立在湖边，对着银色的月光喊出一声"真美啊！"十分看重。一个灵商特别发达的人，对于自己在什么地方生活或者拥有多少物质财富并不太在乎，但对自己悲伤、绝望、厌烦、受到严重伤害之后是否能够重新站起，为他人做一些事情很有灵性；对于自己在哪里受到的教育，学了什么或者同谁一起学的不太看重，看重的是当一切都背弃了自己时，还有什么在支撑着自己；对于自己是否能孤独地面对自己，并在空虚寂寞的时候，依然能对自己所结交的朋友十分看重。

（3）以和为美：和商关乎人生幸福与否

和商即智商、情商、德商、逆商与灵商的整合，是人所应该具有的一种综合商数，是做事能力、人际交往能力。具有和商的人即德智体美等全面发展的人，即和谐发展的人，真正的人。

在人生中，有无幸福的充分浸润，在于人的和商如何。只是智商高、或情商高、或德商高或灵商高，都不能保证人没有担忧地享受人生的幸福。单一的以智商取胜不如以和商取胜的幸福来得长久，因为以智取胜可能是投机取巧取胜，可能是以力量强大取胜。投机取巧有着蒙骗的味道，你能骗得了人一时，却骗不了人一世，待人醒悟过来之时，可能就是你失败之时。以力取胜，你可能只得了暂时的胜，因为强力不可能永远是强力，事和万事成，人和万事兴。单一的以情商取胜不如以和商取胜的幸福来得真切圆满，因为人际和谐、和睦，人才有和颜悦色和和平共处，能够相安无事地共同生活是和商的功劳。单一的以德商取胜不如以和商取胜的幸福来得豁达，以德取胜纵然能让人产生问心无愧之感，但你的问心无愧可能是以"无能为力"之无为或以不觉悟（麻木不仁没有悟性）为代价的，以和商取胜既会体现你的能耐，也会体现你的通达；单一的以灵商取胜不如以和商取胜的幸福来得真实，只以灵商取胜的人生可能是空灵的不问事功的人生，虽然成就了自己的平静，却不一定帮助了他人复归平静，更不用说能够助他人一臂之力了。

"和商"高的人，不会走极端，胸怀宽广，对人对事的成败得失皆会以平和心态去对待。比如说就"智商"视域而论，应变能力是一个褒义词，人有应变能力是值得称赞的。而在"和商"高的人看来，应变能力不过一个中性词，使用在不同的方面意义就会发生变化：从好的方面说是随心所欲不逾矩、是见机灵活行事；从不好的方面讲是察言观色、见风使舵。再比如说，顺其自然在自然主义教育者看来，是教育追求的最高理想了。但在"和商"高的人看来，顺其自然的最好表现和最差表现都可能是随心所欲，好的顺其自然的随心所欲可能好得左右逢源，甚至枯木会逢春；坏的顺其自然的随心所欲可能坏得五毒俱全。

（4）有"和商"的人是真正的人

这种拥有"和商"的"真正的人"有什么样的特点呢？正如前苏联教育家苏霍姆林斯基所说："真正的人，是具有和谐的、多方面精神生活的人。"这种真正的人是大写的人，精神世界、精神利益与精神需求的需要非常丰富，会善于利用和珍惜精神财富，会看到和发现它，并使之在个人的内心世界里人格化。"真正的人要有一种精神——人的精神，这种人的精神会在信念号情感、意志与追求之中，会在对待他人和自己本人的态度上，会在分明的爱与憎，在善于看到理想并为之而奋斗方面表现出来。"

其一，真正的人是有责任感和责任心的人。对自己的生活有敏感性和热情心，对他人的生活不是采取漠不关心的态度而是采取热情关心的态度，并不是只管自己生活得好坏而置他人的生活质量于不顾。也就是懂得既为自己也为别人服务的人。

其二，真正的人是有奉献精神和奉献心灵的人。班主任要教育学生懂得去为班级、为同学、为老师、为父母、为社会奉献自己的精神力量。关心自己和他人、体谅他人、热心对待他人和自己，需要别人与被别人需要，是真正的人的素养，而且是一个人最大的幸福和欢乐。

其三，真正的人是精神力量饱满的人。人之所以有力量，首先是有一种其他生灵无可比拟的精神力量。"要做一个精神上刚强、坚定、坚忍不拔、不屈不挠、勇敢的人。一个人的精神力量是无穷的。没有那些艰难困苦,人若是不能去克服它,他就不能默默地去饱经风霜,历尽艰辛;然而,正是由于能克服它,人才会成为战胜困难的胜利者,成为一个强者。当你感到困难不可克服,产生畏葸念头的时候,就会走下坡路。对自己的吝惜,是一种意志薄弱的情感,它甚至能使一个强者变成一个弱者。做一个弱者,不会有好运,也不会有多大欢乐,他不在乎生活的真正幸福,理想对它来说是不可理解的,也难以达到。弱者会产生利己主义和胆怯行为。你越是历经艰难,你是个人的那种声音就可能越响亮;如果你对自己大发怜悯之心,那么,你那心灵一角可能永远沉默无语。对满腹牢骚、灰心丧气,软弱无能,缺乏信心的现象应该毫不留情、决不容忍、决不吝惜。

其四,真正的人懂得珍惜生活幸福。每一个人都是一个复杂的小世界,在这个世界里,并非只有一帆风顺,还可能有坎坷不平,不只是生活的幸福与你为伍,还可能有生活的不平伴随着你。因而人应该珍惜来之不易的生活的幸福。生活的幸福只有人才可以体会和理解,也只有人才能享受得到。培养学生珍惜幸福生活的能力:把学生带入真实的人生世界,让其看到人的生老病死、欢乐与痛苦、坚强与脆弱、美丽与丑陋、崇高与畏缩,而不是蒙上他们的眼睛不让其看到生活的不如意的一面。只有知道了幸福生活的来之不易,才会更加珍惜幸福生活。

其五,真正的人具有蔑视精神和敬重精神。真正的人蔑视卑鄙思想和行为,蔑视在责任面前的意志软弱和在错误面前自身的怯懦、躲躲藏藏和不敢正视,蔑视在解决问题面前自身表现出来的无知,蔑视无知的盲目自大。真正的人敬重人的尊严,诸如克制自己,真正的人有精神情趣,真正的人有思想的自豪感,真正的人敬重高尚的沉默和适时的怒吼,敬重好的精神状态和精神面貌、坚强的意志与十足的勇气,厌恶自己言行举止中不体面的东西,积极追求使人向上的体面的行为。

真正的人之所以能够表现出人的纯洁、奉献、真诚与努力,能够表现出勇敢与坚持不懈,之所以能够懂得承担人的责任,懂得奉献人的精神力量,懂得珍惜生活的幸福,是因为他有一颗对人这个称号的虔诚之心,有"和商"品质。这颗虔诚心与"和商"品质能够激发灵魂高贵之种子生根、发芽、开花、结果,人之最伟大的东西,只有"和商"。在最危险的情形下,是"和商"支撑着我们;在最严重的困难面前,也是"和商"帮助我们获得胜利,迎接希望的朝阳。

"止于至善"是教师德性的最高境界

教师德性的最高境界是"止于至善","知止而后有定,定而后能静,静而后能安,安而后能虑,虑而后能得"。即教师知道了自己需要达到的最高境界是什么,就会确立明确而远大的为师志向。有了这样的志向就心宁不乱,心宁不乱遇事就会镇定自若、安然处之,遇事安然处之才能行事思虑周详,行事思虑周详也就能外得于人内得于心了。

1.教师至何之善

至于教师德性的最高境界是"止于至善",到底是至什么善呢?在我看来,无疑包括下面这么几个方面:一曰至德善,二曰至智善,三曰至美善,四曰至圣善,五曰至体善。这几者只是为了分析之便而把其分割开来的,而实际上教师在至这些善之时,并非一次是在至德善,另一次是在至智善。这五者可能同时兼而有之,比如说以身作则之善,既可作德善亦可作其他善理解,只不过有时一种或几种占主要而其他占次要罢了。

所谓教师之德善,是一种做人之善、为人之善。德高望重以身垂范为德善,教师良心与公正以及责任感亦是德善,平等待人、有耐心也是德善,等等。教师之德善的最高境界是以无偏之善良去善待一切苍生,"善者,吾善之;不善者,吾亦善之,德善"。

教师之德善是一种道德上的善。道德上的善是绝对善,"这种道德上的善,即使不为人们普遍重视,也仍应获得一切荣誉。我们可以公正地说,由于它本身的性质,即使没有人赞美它,它也应该受到赞美"。道德上的善体现在有德之事情之中的。一切有德之事皆出自于下述四种来源中的某一种:①充分地发现并明智地发展真理;②保持一个有组织的社会,使每个人都负有其应尽的责任,忠实地履行其所承担的义务;③具有一种伟大的、坚强的、高尚的和不可战胜的精神;④一切言行都稳重而有条理,克己而有节制。

具体来说,道德上的善的第一种表现是对真理的渴望与渴求,"知之为知之,不知为不知",把求知作为对美好幸福生活的追求方式。那种强不知以为知和死钻牛角尖的态度都是背离真理、无知和误入歧途的表现,称不上道德上的善,反而应该是道德上的恶。而且,我们每一个人都是社会人,是社会大家庭中的一员,我们就不能只为了自己而不顾别人,要使我们生活的社会美好和谐,大家就要相互帮助、相互关爱,有正义感——不只是不做伤害他人的事情,而且还制止他人发生伤害别人的行为,相互信任,讲诚信。另外,道德上的善体现为伟大而高尚的精神、勇敢而智慧的心灵,诸如实施仁慈和慷慨,需要下定决心、真心实意和明智判断。没有什么比仁慈和慷慨更能够体现人性中最为美好的东西了。但是,在许多具体情形下,我们实施仁慈和慷慨则需要格外小心翼翼:"首先,我们应当注意,我们的善行既不可对我们的施惠对象、也不可对其他人带来伤害;其次,不能超越自己的财力;最后,必须与受惠者本身值得施惠的程度相称,因为这是公正的基础,而公正则是衡量一切善行的标准。"慷慨除了施惠之外还包括报恩,知恩要报和有恩必报也是道德上的善。那种知恩不报甚至恩将仇报的做法必定是道德上的恶。最后,道德上的善体现在善言和善行上。我们说话要有善心和善意,说话要慎重,俗话说良语一句三冬暖,恶语伤人六月寒便是这个道理。我们说话要有条有理,不能让听的人云里雾里不知所云。我们的行为要从善出发,否则便称不上善行了。我们知道,存在这样的情况,一些人做好事情不过"是想炫示自己的崇高,而不是出自内心的仁慈;这种人并不是真正的慷慨,而是在某种野心的驱使下假装慷慨。这种故意装出来的姿态更接近于伪善而不是慷慨或道德上的善。"

由此观之,教师的德善不但体现在对真理的渴望与真诚上,也体现在有关爱心和正义感、有伟大而高尚的精神、勇敢而智慧的心灵,还体现在善言和善行上。正如著名剧作家狄更斯曾说过:如果我能够弥补一个破碎的心灵,我便不是徒然活着;如果我能够减轻生命的痛苦,抚慰一处创伤,或是令一只离巢的小鸟回到巢里,我便不是徒然活着。作为教师德善之体现来讲,不仅仅是弥补一个破碎的心灵,更要让心灵更美好;不只是减轻生命的痛苦,还要增加生命的乐趣与意义,不只是令离巢小鸟回到巢里,更要让"在巢小鸟"安详幸福。

所谓教师之智善,说到底是一种能力之善,是善于做事之善,抉择能力之善、行动能力之善、思考能力之善。

教师之智善体现在"居善地,心善渊,与善仁,言善信,政善治,事善能,动善时"。"居善地"本人作一个新解,把其解释其教育安居之所。教师对学生的不同方面进行教育时要善于选择理想的教育场所。比如说当你的学生犯了什么"错误"时,你最好不要把该学生叫到许多老师都在场的地方(如教研室或年级组办公室这样的地方)或是众多学生在场的地方(如教室或公共活动场所),要找一个让学生心理会产生安适感并且还仍然有人格尊严的地方进行教育。所谓"心善渊",指教师无论是在与学生进行教与学的公事公办的交往中,还是在与学生进行的私下的朋友式的或平等的社会个体式的交往中,需要有空旷如原野、沉静如深谷的包容与豁达的心灵,只有这样才能造就学生的深沉静穆与虚怀若谷。所谓"与善仁",指教师对学生的给予(无论是讲授内容还是评分定级)不是假仁假义,不是同情施舍,不是模棱两可,而是要恰如其分,公平公正,心中有数,因为仁意味着不麻木,意味着清醒,否则就是麻木了,就是不仁了。所谓"言善信",对于教师更是非常重要。教师要能做到言而有信、出言必行、行动必有结果,而不是言而无信、出言不行、不了了之。只有这样才谈得上教师的威信与威望,否则真叫斯文扫地,威风倒地了。所谓"政善治",指教师对学生的管理不管则已,一旦管就要把其管好,管得心服口服。如何能管得心服口服呢?教师应以道理说服学生,以情感打动学生,以自身作榜样为学生示范。所谓"事善能",指教师教学生之事需要具备各种各样的能耐,诸如语言表达能力、行为组织能力、人际交往能力。所谓"动善时",指教师采取什么行动时,一定要选择好的时机,时机适宜就会事半功倍,时机不准,就可能事倍功半。

教师之智善还体现在"善建者不拔,善抱者不脱"。从教师的角度来讲,认准了教学生学会做人与做事这个目标,就不怕风雨,就不怕艰难险阻,就会坚忍不拔、坚持不懈地做下去、走下去、言说下去。

教师之智善的最高境界便是"善行无辙迹,善言无瑕谪,善数不用筹策,善闭无关楗而不可开,善结无绳约而不可解"教育了学生,学生却没有感觉到教育的痕迹;教育教学的言语滴水不漏,至真至美,没有任何空子可钻;凡事心中有数,没有什么解决不了的;让学生找不到任何借口不好好学习,最终与学生心有灵犀达成"心约"又如何能解呢。换言之,教师便是做到智者吾智之;不智者,吾亦智之。

教师之美善,体现在教师要讲求教育教学艺术,要追求完美、完善。诸如教育用语的善美——语言美、为人师表、身正为范——行为美、教育内容的实质美与形式美、教育教学的环境美,对以欣赏的态度对待学生而不是以挑刺的方式对待学生。即所谓,美者,吾美之,不美者,吾亦美之。

教师之圣善,是讲教师要有一种超越人之局限的态度来观解自己和观解他人。是以教师"常善救人,故无弃人;常善救物,故无弃物"。所谓教师之体善,指有健康之身体和心体之善。没有教师的体善就无以谈论教师的德善、智善、美善和圣善,因为教师之体善是这几善的前提和基础。

一言以蔽之,教师之至善在于至"德善""智善""美善""圣善"和"体善",可谓"善哉,善哉",多多益善 1

2. 教师至善为何

达到至善境界之教师是"不自见故明"之人,即教师不自我显示反衬托出了自己的明朗和明晰之轮廓这样子的人,因为"自见"反而使自己的形象变得模糊不清;是"不自是故彰"之人,即教师不自以为是反能明辨是非这样子的人,因为"自是"让自己得意然后忘形了,无法辨明事情的真相;是"不自伐故有功"之人,即教师不自我夸耀反能体现其教学教育功绩,因为自我夸耀没有借别人之口的赞扬更能让人产生接纳和欣赏的情感与行为;是"不自矜故长"之人,即教师不自高自大、换言之就是谦虚谨慎,反而能显现其优点,自高自大的人让别人难以接近,且望而却步或望而生畏,就没有办法成为别人学习的对象了。

教师的至善境界从某种程度上讲,亦是教师的"善为道者"境界,"微妙玄通,深不可识。夫唯不可识,故强为之容;豫兮,若冬涉川;犹兮,若畏四邻;俨兮,其若容;涣兮,若冰将释;敦兮,其若朴;旷兮,其若谷;浑兮,其若浊。孰能浊以止,静之徐清;孰能安以久,动之徐生。保此道者不欲盈。夫唯不盈,故能蔽而新成"。即,教师能给人一种惟妙惟肖、深远通达的感觉:对人对事小心谨慎如冬天光着脚过河一般小心翼翼;

警觉戒惕好像提防四面受敌一般集中注意力；恭敬严肃如作上等宾客一般有礼有节；行动洒脱如冰雪融化般自然而然；淳厚朴实如未经雕琢的朴玉般本色依然；旷远豁达得有如深山幽谷的包容胸怀；浑厚诚实如涨水之浊水势不可挡。谁能使浑浊安静下来慢慢变得清澈透明？谁能使死静活动起来慢慢显出生机？善为道者有此能耐，因为善为道者不自满。不自满，便能不断地吐故纳新、除旧迎新。但愿教师就是这样的善为道者。

学做教师的学问与理想境界

1. 教育改革的多变性需要教师不断学做教师

每个与教育实践改革与教育理论构设有关涉的人，大致对自由教育、个性教育、全民教育之类的说法不会陌生，对"振兴民族的希望在教育、振兴教育的希望在教师"的口号不会不熟悉，对现在的国家花大财力、教育专家与课程专家投入全身心、教育第一线的教师下大决心只能成功不能失败的基础教育课程改革的热点问题，如果说不能与"素质教育"这个术语的家喻户晓相比，至少也与现在的知识经济社会、后现代社会之类的术语齐名。这些人或多或少在做着教育成功社会、成功人生的美梦。有梦就有可能产生梦中的偶像。我们的各种教育改革正是利用了人们的这一心理，接二连三地推出"××教育"来的。这些教育的训诲，正如我所领悟的，也许本来就是众所周知的事实：乃是做什么、想什么或不做什么、不想什么都行，就是不能作一个在别人看来的一个失败主义者。"素质教育"之所以旨在培养受教育者的德、智、体、美等方面都得到和谐发展的综合素质；"愉快教育"旨在让受教育者在没有压迫感、自觉自愿地发展自己；"成功教育"的口号，就是让每一个受教育者都能体验到成功；"主体性教育"意在弘扬人的主体性（一切人们在情感上认为人身上美好的东西，诸如主观能动性、创造性、自主性、自立性）；"创新教育"意在要培养受教育者的创新意识和创新能力。还有"创造教育""个性教育""人格教育""小主人教育""主动教育""和谐教育""吸引力教育""'挫折'教育""赏识教育""苦难教育""激励教育""体验教育""生存教育"……所有这些倡导，不就是认为这样做了就可以使受教育者成为一个成功主义者吗?

追求成功感是人之本性所趋,避免失败感、超越失败感亦是人之本性所趋;可为什么在有些时候会有人宁愿要某一失败也不愿要另一成功?追求完满是人之所好,避免缺憾、超越缺憾亦是人之所好,可为什么在有些时候会有人宁愿追求不完满而放弃完满呢?人心从本意上讲,追求感觉舒坦,自由自在,没有障碍的。可是我们明明知道,追求心灵的自由状态是人生的一种高境界,是一种超越现实有限性的境界。也许只有"从心所欲不逾矩"的完人才能够达到,可是能够做到从心所欲的人多的是,而能做到"从心所欲不逾矩"的人则微乎其微。也正是由于这个原因,我们的各种教育实践改革便有了滋生的土壤:从此维度、彼维度着手来培养人的"从心所欲不逾矩"的素质。

由此可见,任何一项即使是充满了希望的、符合时代发展方向和人性完善的基础教育改革,如果不落实在课堂实践之中,如果没有身处课堂第一线的、作为改革方案实施者、执行者的教师的积极参与和锐意进取,最终只会是竹篮打水——一场空。就其实质而言,在课堂里,课程不是一切,教育目的不是一切,学生不是一切,教育资源不是一切,教育方法和手段不是一切,但教师可能是一切。由此可见,有限制的基础教育改革的首改对象应该是教师,个体的教师和群体的教师。要改变教师就需要培养教师把学做教师当作自己的职业生活方式的精神,把学做教师作为教师的教育理想。

2. 始终保持学做教师的理想

理想,简而言之就是对未来的展望,是人们心目中的价值预设,诸如美好社会、幸福人生的展望,有实现的可能性。只是异想天开而没有实现可能性的向往,人们把其称之为幻想。对教师而言,期望其成为不食人间烟火、无所不知、无所不晓能够在任何时候应对学生的任何疑难只能是幻想。但以承认教师是有其自身局限性和外在条件限制的基础上期望教师始终保持学做教师的态度和实践却是理想,这是可以变为现实的,也具有操作性。下文笔者将探讨为应对教育实践局限性教师如何学做教师的问题。

(1)教师面对变化只能思变

在今天这样一个一切都在快速流变着的社会里,政府在呐喊、社会在呼吁,振兴国家和民族的希望在科学技术和教育。由此教育领域,上至高等教育下至基础教育领域,都在进行这样那样的变革,以求应对迅雷不及掩耳之势的变化。教师面对此情此景,再也没有办法死守旧道(以不变应万变)而高枕无忧了。如果说今天对于教师来说还有什么放之四海而不变的真理的话,那就是变化本身,变化是真理,不变是假想。教师面对的教育工作性质发生了变化:曾经是教人做人的知识、道理(教书育人),祖辈、父辈、子辈、孙辈无多大变化,所谓教师是人师。如今教师是"万金油",要能为学生的一切(学生的学业与前途问题、社会问题、家庭问题、情感问题如此等),要为了一切学生(而不是得天下英才而教育之其乐无穷,要求你得了天下庸才而教育之也要其乐无穷)。教师面对的教学要求也在不断提高,只是传授知识、教人做人的道理似乎要求太低。如今对教师教学的要求不但不能照本宣科,还应该提高学生学习的兴趣、以学生的需要为需要,教学的方式最好花样别出、刺激新奇,教学活动最好生动活泼、高潮迭起;否则,就如苏霍姆林斯基所言,"如果教师不想方设法使学生产生情绪高昂和智力振奋的内心状态,就急于传授知识,那么这种知识只能使人产生冷漠的态度,而不动情感的脑力劳动就会带来疲倦,没有欢欣鼓舞的心情,学习就会成为学生沉重的负担。"教师需要知道学生的已有水平、有能力对班上不同学习能力的学生安排不同的学习进度、学习内容及相应的辅导帮助,要让学生学会学习;教师要理解和尊重学生,其教学效果要让学校、学生、家长、社会满意放心,家长、社会对教师工作的过问(诸如如何教学生、如何给出成绩、如何管理学生、如何排名次)给教师带来了许多压力。更有甚者,教师面对的课堂变成了社会问题的缩影,社会暴力和社会不良现象在学校课堂里的衍生:打架、斗殴、赌博,家庭变故导致的问题学生等,在这种情况下,要求教师取悦的人群越来越多,要求教师消除的病症的清单越来越长,教师何以能两耳不闻窗内与窗外事,一心埋头只教圣贤书?

由此看来,无论是经验丰富的教师,还是欠缺经验的教师,无论是特级、高级教师,还是普通平凡的教师,都不可能没有任何危机感地躺在过去的"温床"上休养生息、碌碌度日了,而是需要不断地维护应变、思变、善变、导变之观念、精神并养成在教育教学实践中对践行不息的能力。因为,应变、思变、善变、导变是当今社会生活的主旋律,对于生活其中的人来说,如果不把其作为一种生活方式来对待,就可能小则产生与时代格格不入的感觉,大则被时代所淘汰。可是应变、思变、善变、导变之观念及能力又来自何处呢？在本人看来,当然是来自学而时习与实习之。可这种学又主要来自何处？恐怕还主要是来自学校教育,来自于学校教师。但如果学校教师自己就没有应变、思变、善变、导变之观念及能力,又何以谈论引导他人、培养他人这样的素质呢？这也就说明做教师的过程是学做教师的过程,是做到老,学到老,觉到老的过程。学做教师意味着没有一劳永逸。学做教师是教师的生存方式,是保持教学生学而觉、学而悟、教学生生生不息、生气勃勃的源头活水。

但不管我们对教师说学做教师是如何意义深刻,价值无穷,而并不提出学做教师的具体作法来,恐怕也就会导致说了与不说结果并无差别的局面。学做教师是价值取向,是前进的大方向和最终归宿,当然不可缺少;怎样学做教师是方法指南,是前进的路标,是不走弯路的必要保证。

（2）学做教师意味着始终保持鲜活的学习精神

作为教师的你第一次去给一个班上课时,你是否会在心里想:"这个班的学生是令人赏心悦目的呢还是让人烦恼丛生的呢？这个班的班风、学风是非常良好的呢还是糟糕透顶的呢？这个班被同学公认为最爱学习的同学是爱打破砂锅问到底类型的呢,还是'读死书、死读书'类型的呢？这个班被同学公认为最不爱学习的同学是爱耍小聪明等着临时抱佛脚类型的呢,还是贪玩成性类型的呢？我和这个班的学生在这一学期会愉快地、顺利地合作下去吗？我将用什么样的开场白来介绍我自己和我所教的这门学科,以唤起学生对我和这门课的接纳心理或排除学生的拒斥心理？面对这个班的学生我的教学目的应该是什么？我将采取什么样的教学态度和教学方式方法、探讨什么样的内容、对他们进行什么样的评价才算是最恰当的？我最后会获得成功感的报偿吗？……"如何能自如地应对和解决这些问题？作为一名教师,当你的学生向你请教某个问题而你不知如何回答时,你是暗自责骂学生而让你丢尽了做教师的面子呢,还是坦然向学生承认你暂时不知如何解答这个问题,并且表示愿意和学生一起去通过学习找寻答案呢？对于今天的教师来说,有后一种胸襟才不会被学生、被时代所抛弃。其实,在知识浩如烟海而且新知识层出不穷的今天,不用说教师,即或是储存量惊人的电脑,也不可能知道每一个问题的答案。在这种情况下,教师要想立于不败之地,值得信奉的一条金科玉律就是保持一种不断进取、不断学习的精神:不断地在教学过程中学做教师。

学做教师就意味着一场前途未卜的探险,其间除了充满着紧张和艰苦以外,还充满着惊奇、激动和愉悦。教师如果要想取得卓有成效的有利于自己专业发展和学生学业成长的成就。学做教师意味着你把自己作为一个人的所有素质都用在学习教学生上面;学做教师意味着要对自己的教书育人承担起责任;学做教师意味着教学生怎样学习和怎样思考。学做教师的学具体说来包括以下一些方面。

其一,学习倾听自己的心声,让自己成为学做教师过程中的良师益友。一个称职的教师、一个优秀的教师不是天生就会的,而是后天养成的。虽然有时我们在赞扬某某老师时可能会说其简直天生就是教书的料,这种"生而知之者"之师固然可佳,其实不过做教师的天赋好一些而已矣,他们也是经过后天的某种程度的努力所造就出来的,也有一个后天的学与觉的过程。倾听自己与他人便是一个学与觉的过程。

教师要在学做教师的过程中学会倾听自己的声音,也就是在乎自己的反馈:在我的内心中,是否存有一个优秀教师的形象在招引我?在我的教学实践中是否在按这样的理想形象展现自己?我是否想努力成为一个尽可能知其然亦知其所以然的教师?我是否在教学中面对困难时会在深思熟虑后勇往直前、义无反顾地去面对和克服?我在教学过程中对学生做到了仁致义尽了吗?我的教学目标清楚明白吗?我在教学过程中的教学方法对学生的学习来说非常恰当吗?我所教授的内容系统而有趣吗?我对待不同学生的方式符合教师伦理道德规范吗?教了之后,还要扪心自问与反思在教学过程中的所长和所短何在,然后通过进一步的学习钻研,再教时会发扬其长避免其短。如此循序渐进,以至于无穷。

其二,学会倾听他人的心声,让他者之音完善充实自己的空灵。倾听他人的声音意味着把他者作为了与自己一样的有情感、有需要的现实人。倾听学生的心声,一方面关注了学生的特殊需要,另一方面可能获得学生的信任、理解与支持,对于提高自己的教育教学工作成效有着不可低估的作用;倾听学生家长的心声,了解家长的教育观、争取家长的协助,会给自己承受的不可懈怠的"作善"事业带来真情实意的同盟军;倾听领导的心声,对于获得外在条件的保障与支持、对于争取教学改革的组织支持是不可忽视的环节;倾听时代的心声,就会让你避免不应该承受的时代之不幸。倾听他者声音的最便利的途径是开展实际的对话并不断地阅读相关的书籍、报刊杂志。通过倾听来学与觉实际上是在扫清自己前进路途中的绊脚石,为顺利到达理想之境营造良好的氛围。

(3)学做教师意味着树立忠诚合作的意识。

一个学做教师的人,在其内心深处最好应该是充满着合作精神而不是竞争精神。合作精神意味着你的长处,我可以借鉴,我会欣赏,我会认可;你的不足,我诚心诚意给你指出来并帮助你去克服;合作,意味着我们既可以在同样的做法上取得成功,也意味着我可以在我的特色处成功,你亦可以在你的耀眼处成功;合作还意味着分享彼此不同方面的成功。合作意味着你给自己充分的自由空间也给别人充分的自由空间。而竞争,即或是公平竞争,在某种程度上讲一个人的成功终究是建立在别人的失败基础上的。竞争就意味着失败与成功的天壤之别,意味着有人欢喜有人愁,有意平添短暂人生许多忧。用目前最功利主义的方式来权衡利弊得失,孰优孰劣不言自明。

现代社会的教育成果——学生的身心的健康成长是众多参与者共同努力、通力合作的结果。这意味着教师合作意识的养成十分重要。学做教师的忠诚合作大体包括与学校领导的合作、与教师同行的合作、与教育研究者的合作、与学生的合作以及与家长的合作。要使合作有效,你在尝试养成合作意识的过程中需要回答下面几个问题:

第一,你是否计划并抽出了时间找了机会与学校领导、教育研究者、同事、学生和家长分享?

第二,你听取他们的意见的方式,是否对双方都有好处?

第三,你是否表达了自己的看法,并让听者这一方理解了你的意思?

第四,你是否尊重了他们的隐私权,强迫他们说出了自己不愿意说的话?

第五,你是否有足够的耐心愿意花时间去对合作的成功付出努力?

要能够做到上面这些点,你必须要知道真正的合作是就实质问题的有效解决而进行的,是尊重个人的,互相支持又不是有意拔高对方或为对方护短。真正的合作不会对耗时耗力的鸡毛蒜皮的事情进行讨论商量,工作习惯会比较严谨、组织性强、效率高而且有亲和力;真正的合作对影响教师专业发展的社会转变触觉比较灵敏,对新观念、新东西会乐意去认识、面对、判别。相反,讲述他人的趣事轶闻之类的打交道算不上有效的合作,徒具形式的协作也算不上有效的合作,有形无神的肤浅的合作、行政控制的迫不得已的合作亦算不上真正的合作。教师的合作是为了找到什么样的教学情境最有利于教师专业精神的成长,最能体现教师的意愿和个人的尊重,最能发挥教育的最佳效果。

(4)学做"做教师"的有心人

"做教师"做久之后,要么按部就班,不多学多思也不少做偷闲,美其名曰"平平淡淡才是真";要么是怠惰懒散,在不知不觉中沦落到了三等教师的行列:"等放学,等发工资,等退休";要么兢兢业业,一丝不苟,勤学多思,使教学质量越来越高。

这第一种教师,看似生活哲学学得非常不错,实际上是埋没和平庸了自己,也可能误导了学生——用不着追求卓越;这第二种教师,其实是在拿自己不思进取的错误惩罚学生——误人子弟,如果说他们浪费自己的生命无可指责的话(因为人有选择过什么样生活的自由和权利),又不知这些老师是否知道"浪费别人的生命就等于谋财害命"这个道理?这第三种老师,可以说既实现了自我价值,成就了自我,又拿自己的成功成就了学生,是在用自己的正确善待他人的生命。

当然,还可能有第四种老师:该松懈时就会让自己的生命享受闲情逸致,比如说在自己上课累了,学生也疲惫了的时候,讲个不太离谱的笑话来犒劳自己和学生;该紧张时就让自己的生命充分体验惊心动魄,比如自己在上课比赛场上或自己的学生在竞赛场上时;该严厉和严肃时,就绝不马马虎虎,比如学生犯了原则性错误时或学生油腔滑调时;该宽宏大量时就绝不会尖酸刻薄,比如学生并非故意地冒犯他人时;等等。总而言之,这种教师既知如何善待自己的生命,又知如何善待学生的生命。是的,这种教师的确是人们心目中的理想形象,但在现实中很难找得到。但有这种理想作为我们追求教学好的动力和方向,又未尝不可。因为观念有时对一个人取得成功来说,是十分重要的。当然,我们要追求教师教学的卓越,更多的是,还得从教学实际中寻求,从不断的教学实践中寻求,从学思做中寻求。

其实,要想做一个成功的教师,在教学方面成功的教师,最重要的一点是学做"做教师"的有心人。由此,笔者把自己如何在教学过程中不断地感悟,做"做教师"的有心人的心得表达出来,以为借鉴。

用品质使教师达到平和境界

教师的倾听品质是一种值得称道的品质。教师要善于倾听反对意见,正所谓"非我而当者,吾师也,是我而当者,吾友也"。善于倾听自己的心声,正所谓了解自己是为了更好地了解别人。善于倾听同事和领导的意见,善于倾听学生的心声,如果没有对学生心声的倾听,老师就不可能教好学生,就不可能有效地进行教育教学。

太阳十分愿意透过窗户把阳光洒进房间,但如果窗户被窗帘紧紧遮避,又怎能责怪太阳呢?只有打开心灵的窗户才能感受阳光的明媚。打开学生心灵窗户的钥匙是真诚地倾听。老师的倾听意味着老师在专心致志地教书育人,而且乐于做这样的工作,把这样的工作作为自己的天职,作为自己的使命。只有心静、心诚、心细才能真正倾听,才能真正思考问题。老师善于倾听学生心声,也说明了其对教育世界的理解与宽容;善于倾听学生心声,是一种学习的机会;善于倾听别人心声,是一种修养,是一种礼貌,是一种美德。"认真而真诚地倾听"是一种姿态,更是一种需要。倾听是为了有效地表达。你的倾听也会换来学生对你的信任。在这个世界里,信任本身就是一种价值,一种尊重;被人信任被人尊重,也就说明了你在这个世界里的价值。

正如一位作家所说:"有的人会走过美丽而视若无睹,有的人会走过痛苦而漠然处之。而真正的仁人、哲人、诗人,才会用自己的心灵去体察、去感受,去分辨自己所听到的声音中不同的灵魂的震颤。"老师面对的是一个个活生生的灵魂,需要学会倾听不同灵魂的声音,不仅做一个忠实的听众，更要做一个仁者，拥有宽广豁达的胸襟，撒播关爱的种子；做一个诗人，倾听花开花落、潮来潮去的声音，走进学生的心田；做一个哲人，指引理性的思考，将学生引向至健、至真、至善、至美和至圣。总之，做一个倾听者，可使自己的内心达到平和境界。

学校美育的力量

学校教育，尤其是学校美育，是一种情感教育，旨在提高师生的感情水平，使人的精神世界处于一种"情"与"理"结合的良好状态，是使人求真向善立美的事业，是完善人的生命的事业。换言之，学校美育能够"以美启真"和"以美储善"。不真不美，不善不美，美是真与善的统一与升华。学校美育是顺乎崇尚美、追求美和向往美之人性的教育，是造就人之所以为人之美好心灵的教育，是追求美好生活的教育，是保证师生精神生活质量的教育。人的生命存在不同于动物的直接性和重复性的生命存在，而是承载着这样那样意义和价值的生命存在，是在发展中得到展现与提升的生命存在。在塑造愉悦自我生命的审美教育环绕的天地里，让我们师生的每一个生活日都是节日气氛，让我们每一个师生都像春天阳光下的花儿一样舒展地尽情开放。让师生的人性变得尽善尽美。在审美的王国里，为每一个师生纯洁的心灵、赏美的兴趣定做了一个快乐天堂——精神之家！为每一个师生成为感性的人、理性的人、至善的人、自由的人、幸福的人和审美的人的和谐综合体而不懈努力吧！

学校美育是"美的社会教育、美的自我养育与美的环境化育"：教人学会美的活法、自觉追求美的人生境界、美的德性、美的心灵与美的人格，是照耀师生精神幸福生活的太阳，是为了追求人性完美和心灵自由的事业，是求真善美和谐统一的事业。虽然求真可以让人拥有相当的认识能力、预测能力和改造能力，但太过于求真而不顾美和善的话，就可能钻进牛角尖，把自己引入死胡同，求得不顾摧残人性的可恶，求得不顾人生的尊严与崇高；虽然求善可以让人拥有相当的自我约束力、与人为善心和道德实践力，但过于求善而不顾真与美的话，就可能求善求得一叶障目，流于生活的琐碎，失去独立、明智的判断力、预测力、欣赏力和超越力,成为无力的脆弱好人和被人利用的可怜好人;虽然求美可以让人拥有相当的审美能力,但太过于求美而不顾真和善,就可能为求表面的美而求美,成为追逐时尚的美的猎奇者,未免流于轻率、轻浮与浅薄。由此可见,只有在胸怀美好心态、在求真向善立美相得益彰的情况下,可以把认识力、道德实践力和审美欣赏力转化为人的人格和谐品质,使人成为健全、和谐之人。

第五章

教育思考

就任北京大学校长之演说

◇蔡元培

五年前，严几道先生为本校校长时，余方服务教育部，开学日曾有所贡献于同校。诸君多自预科毕业而来，想必闻知。士别三日，刮目相见，况时阅数载，诸君较昔当必为长足之进步矣。予今长斯校，请更以三事为诸君告。

一曰抱定宗旨。诸君来此求学，必有一定宗旨，欲求宗旨之正大与否，必先知大学之性质。今人肄业专门学校，学成任事。此固势所必然。而在大学则不然，大学者，研究高深学问者也。外人每指摘本校之腐败，以求学于此者，皆有做官发财思想，故毕业预科者，多入法科，入文科者甚少，入理科者尤少，盖以法科为干禄之终南捷径也。因做官心热，对于教员，则不问其学问之浅深，惟问其官阶之大小。官阶大者，特别欢迎，盖为将来毕业有人提携也。现在我国精于政法者，多入政界，专任教授者甚少，故聘请教员，不得不聘请兼职之人，亦属不得已之举。究之外人指摘之当否，姑不具论，然弭谤莫如自修，人讥我腐败，而我不腐败，问心无愧，于我何惧？果欲达其做官发财之目的，则北京不少专门学校，入法科者尽可肄业于法律学堂，入商科者亦可投考商业学校，又何必来此大学？所以诸君须抱定宗旨，为求学而来。入法科者，非为做官；入商科者，非为致富。宗旨既定，自趋正轨，诸君肄业于此，或三年，或四年，时间不为不多，苟能爱惜光阴，孜孜求学，则其造诣，容有底止。若徒志在做官发财，宗旨既乖，趋向自异。平时则放荡冶游，考试则熟读讲义，不问学问之有无，惟争分数之多寡；试验既终，书籍束之高阁，毫不过问，敷衍三四年，潦草塞责，文凭到手，即可借此活动于社会，岂非与求学初衷大相背驰乎？光阴虚度，学问毫无，是自误也。且辛亥之役，吾人之所以革命，因清廷官吏之腐败。即在今日，吾人对于当轴多不满意，亦以其道德沦丧。今诸君苟不于此时植其基，勤其学，则将来万一因生计所迫，出而任事，但任讲席，则必贻误学生；置身政界，则必贻误国家。是误人也。误己误人，又岂本心所愿乎？故宗旨不可以不正大。此余所希望于诸君者一也。

二日砥砺德行。方今风俗日偷,道德沦丧,北京社会,尤为恶劣,败德毁行之事,触目皆是,非根基深固,鲜不为流俗所染。诸君肄业大学,当能束身自爱。然国家之兴替,视风俗之厚薄。流俗如此,前途何堪设想。故必有卓绝之士,以身作则,力矫颓俗。诸君为大学学生,地位甚高,肩此重任,责无旁贷,故诸君不惟思所以感已,更必有以励人。苟德之不修,学之不讲,同乎流俗,合乎污世,己且为人轻侮,更何足以感人。然诸君终日伏首案前,芸芸攻苦,毫无娱乐之事,必感身体上之苦痛。为诸君计,莫如以正当之娱乐,易不正当之娱乐,庶于道德无亏,而于身体有益。诸君入分科时,曾填写愿书,遵守本校规则,苟中道而违之,岂非与原始之意相反乎?故品行不可以不谨严。此余所希望于诸君者二也。

三日敬爱师友。教员之教授,职员之任务,皆以图诸君求学便利,诸君能无动于衷乎?自应以诚相待,敬礼有加。至于同学共处一室,尤应互相亲爱,庶可收切磋之效。不惟开诚布公,更宜道义相勖,盖同处此校,毁誉共之。同学中苟道德有亏,行有不正,为社会所訾詈,己虽规行矩步,亦莫能辨,此所以必互相劝勉也。余在德国,每至店肆购买物品,店主殷勤款待,付价接物,互相称谢。此虽小节,然亦交际的必需,常人如此,况堂堂大学生乎?对于师友之敬爱,此余所希望于诸君者三也。

余到校视事仅数日,校事多未详悉,兹所计划者二事:一日改良讲义。诸君既研究高深学问,自与中学、高等不同,不惟恃教员讲授,尤赖一己潜修。以后所印讲义,只列纲要,细枝末节,以及精旨奥义,或讲师口授,或自行参考,以期学有心得,能裨实用;二日添购书籍。本校图书馆书籍虽多,新出者甚少,苟不广为购办,必不足供学生之参考。刻拟筹集款项,多购新书,将来典籍满架,自可旁稽博采,无虞缺乏矣。今日所与诸君陈说者只此,以后会晤日长,随时再为商榷可也。

一九一七年一月

新教育的精神
——在武昌高师的演讲词

◇陈独秀

教育怎么会有新旧之分呢?怎么样算是新教育呢?怎么样算是旧

教育呢？我晓得，大家必定说：外国文、算学、博物、理化，这些科目，要算是新教育；读经史、读四书、读古文、学美术，要算是旧教育。我说并不是这个样。无论什么教育，要研究它的时候，只要方法新、精神新，并不在科目的新；就是研究现在大家所公认的旧教育，只要它方法新、精神新，还是有用的。就是外国文、算学、博物、理化，研究它的时候，要是方法不新、精神不新，还是白说的。但我所说的新，要把它来分做三点：（一）教育要趋重社会；（二）要注重启发的教育；（三）要讲究实际应用。

（甲）教育怎么样要趋重社会呢？教育和社会的关系是很大的。社会要是离了教育，那人类的知识必定不能发展，人类知识一不发展，那国的文化就不堪问了。现在单说那研究经济学的，不晓得详察现在社会的状况和财政的盈虚，就是多读些中国经济史、外国经济学又怎么样呢？那于社会是一点益处没有的。可见得教育要趋重社会，不能趋重个人。

（乙）启发的教育要以学生为本位。怎么说要以学生为本位呢？这个毛病不独中国有，连外国也是难免的。是个什么毛病呢？就是当教授的人，往往将自己所得的来发挥个人的意见，不问能不能供学生的研究与理会，只要将他所晓得的都说与学生，那就算是尽职了。要是这样一生没有用处，总是教员将所晓得的说与学生，学生晓得了，又是这样的教与他将来的学生，这个文化思想力怎么会发展呢？所以我觉得教育是训练的，非口说的；是发展的，非流传的。道德的进步要有行为的教育，学问的进步要有知识的教育，像这样训练学生，就易于感觉了。

再说小学生的教育，更不能叫其读没有作用的书，做没得作用的事。只要就儿童心理所能领会的，审慎加以训练，使他好发展想象力，那就够了，并不在要他记得许多的故典与古人的姓名。我们要晓得，儿童的想象力有限，他脑筋中既耗了许多的记忆力，他的想象力是必定不能发展的，学问怎会有进步呢？所以我主张小学生并不要教他的历史，教他一些好故事比教他的历史还要强些。这是什么讲究呢？就是因为儿童想象力薄弱，你要教他一些前朝的古人与兴败，他一定是不能了解的，倒不如教他一些故事，他倒觉得与现在的社会什么事相像，于他的学问就有进步了。

再说地理教育，更不是这个教法，并不在一刻要晓得外国、中国的地名与要塞,就算晓得地理,那是无用的。要教学生晓得现在住的地方有多大,出产有几多;再由城而及省,由省而及全国,由本国而及外国,那天下的地理,就自然明瞭了。

（丙）实际的应用不在形式。我们中国人的心理,每讲究形式好看,不讲究内里结实不结实。我现在单说北京清华学校办的图书馆,外面说它花去了 *30* 万块钱,那应该办得几好呢? 其实不然。我过细一调查,它的图书大约用去了两三万块钱,剩下的拿来做了什么事呢? 都是拿来做了房子。你看那房子,为什么要做得那样好呢? 再说现在的教育部,依我说顶好是废除不用。你看在教育部办事的人,几多晓得各地的情形和经济的状况? 他只要就他们几个人所想的,要各省的学校都来照他的整齐划一,所以各地的学校,要兴的弄得不能兴,要废的弄得不能废,都是为他们限制了,要它有什么益处呢? 到反为各地教育的障碍了! 再说现在的农、商各学校,更是好笑,你看有几多农业的学生下过田,几多商业的学生做过买卖? 我说现在的农业学生,还有赶不到老农夫的,商业的学生还有赶不到老朝奉的。这是什么缘故呢? 都是讲究外表、不讲究实际应用的病。我很希望后来办教育的人,不要讲究形式,有几多钱办几大的学堂。科目不在多,只在其能不能适用;教员不在多,只在其有没有教授的方法与精神。一有新方法、新精神,就一定可以得新教育,造就新人才矣!

向教育争自由

◇周国平

逝世前一个月,正值母校苏黎世工业大学成立一百周年,爱因斯坦应约为之写纪念文章。在文章中,他没有为母校捧场,反而是以亲身经历批评了学校教育体制的不合理。他回忆说,入学以后,他很快发现自己不具备做一个"好学生"所需要的一切特性,诸如专心于功课,遵守课堂纪律,认真记笔记和做作业,等等。因此,他便始终满足于做一个有中等成绩的学生,而把主要精力放在自己真正感兴趣的东西上,"以极大的热忱在家里向理论物理学的大师们学习"。

他接着回忆说,毕业以后,他感到极大幸福的是在专利局找到了一份实际工作，而不是留在学院里从事研究。"因为学院生活会把一个年轻人置于这样一种被动的地位：不得不去写大量科学论文——结果是趋于浅薄。"他在专利局一干就是七八年，业余时间埋头于自己的爱好，这正是他一生中"最富于创造性活动"的时期。

据我所知，爱因斯坦的经历绝非例外。不论在科学领域，还是在哲学、文学、艺术领域，几乎所有的天才人物在学校读书时都不是"好学生"，都有过与当时的教育制度作斗争的经历。可以毫不夸张地说，他们的成材史就是摆脱学校教育之束缚而争得自主学习的自由的历史。

爱因斯坦在晚年时异常关心教育问题，我认为可以把这看做这位伟人留给我们的最重要的精神遗嘱。他不是那种拘于某个特定领域的科学工作者，而是一个对精神事物有着广泛兴趣和深刻理解的大思想家。他十分清楚，从事任何精神创造的基本因素是什么，因而教育应该为此提供怎样的条件。在他的有关论述中，我特别注意到两个概念，一是"神圣的好奇心"，即探究未知事物的强烈兴趣，以及在这探究中所获得的喜悦和满足感。另一是"内在的自由"，即不受权力和社会偏见的限制，也不受未经审察的常规和习惯的羁绊，而能进行独立的思考。如果说前者是每个健康孩子都有的心理品质，那么，后者是要靠天赋加上努力才能获得的能力。在一切伟大的精神创造者身上，都鲜明地存在着这两种特质。这两种特质的保护或培养都有赖于外在的自由。因此，学校教育的主要使命就是提供一个自由的环境，对两者都予以鼓励，最低限度是不要去扼杀它们。遗憾的是事实恰好相反，以至于爱因斯坦感叹道："现代的教育方法竟然还没有把研究问题的神圣好奇心完全扼杀掉，真可以说是一个奇迹。"

今天，现行教育体制的弊病已经引起了社会的广泛注意。但是，完全可以预料，由于种种原因，情况的真正改变将是一个极其漫长的过程。在这个过程中，一代代的学生仍然会不同程度地身受其害。有鉴于此，我想特别对学生们说：你们手中毕竟掌握着一定的主动权，既然在这种有弊病的教育体制下依然产生出了许多杰出人物，那么，你们同样也是有可能把所受的损害减少到最低限度的。为了做到这一点，就必须像爱因斯坦那样，要善于向现行教育争自由，不要去做各门功课皆优的"好学生"，而要做一个能够按照自己的兴趣安排学习计划的"自我教育者"。在我看来,一个人在大学阶段培养起了自主学习的兴趣和能力,找到了真正吸引自己的学科方向和问题领域,他的大学教育就可以说是出色地完成了,这一收获必将使他终身受益。至于课堂知识,包括顶着素质教育的名义灌输的课本之外的知识,实在不必太认真看待。为了明白这个道理,你们不妨仔细琢磨一下爱因斯坦给教育所下的定义:"如果你忘记了在学校里学到的一切,那么所剩下的就是教育。"

论教育(节选)

◇ [美]　爱因斯坦

一

用专业知识教育人是不够的。通过专业教育,他可以成为一种有用的机器,但是不能成为一个和谐发展的人。要使学生对价值有所理解并且产生热烈的感情,那是最基本的。他必须获得对美和道德上的善恶鲜明的辨别力。否则,他——连同他的专业知识——就更像一只受过很好训练的狗,而不像一个和谐发展的人。为了获得对别人和对集体的适当关系,他必须学习去了解人们的动机、他们的幻想和他们的疾苦。

这些宝贵的东西,是通过同教育者亲身接触,而不是——至少主要的不是——通过教科书传授给年轻一代的。本来构成文化和保存文化的正是这个。当我把"人文学科"作为重要的东西推荐给大家的时候,我心里想的就是这个,而不是历史和哲学领域里十分枯燥的专门知识。

过分强调竞争制度,以及依据直接用途而过早专门化,这就会扼杀包括专业知识在内的一切文化生活所依存的那种精神。

使青年人发展批判的独立思考,对于有价值的教育也是生命攸关的,由于太多和太杂的学科(学分制)造成的青年人的过重负担,大大地危害了这种独立思考的发展。负担过重必导致肤浅。教育应当使所提供的东西让学生作为一种宝贵的礼物来领受,而不是作为一种艰苦的任务要他去负担。

二

在每项成绩背后都有着一种推动力,它是成绩的基础。反过来,这种推动力也通过任务的完成而得到加强和滋养。在这里存在着非常大的差别,这种差别同学校的教育准则的关系极为重大。做同样的工作,它的出发点可以是恐怖和强制,可以是追求威信和荣誉的好胜心,也可以是对于对象的诚挚的兴趣和追求真理与理解的愿望,因而也可以是每个健康儿童都具有的天赋的好奇心,只不过这种好奇心往往很早就衰退了。同样一件工作的完成,对于学生所产生的教育影响可以很不相同,这要看推动这项工作的主因究竟是怕受到损害的恐惧,是自私的欲望,还是对快乐和满足的追求。没有人会认为学校的管理和教师的态度对塑造学生的心理基础会没有影响。

人们应当防止向青年人鼓吹那种以世俗意义上的成功作为人生的目标。因为一个获得成功的人,从他的同胞那里所取得的,总是无可比拟地超过他对他们所做的贡献。然而,看一个人的价值,应当看他贡献什么,而不应当看他取得什么。

在学校里和在生活中,工作的最重要动机是工作中的乐趣,是工作获得结果时的乐趣,以及对这个结果的社会价值的认识。启发并且加强青年人的这些心理力量,我看这该是学校的最重要任务。只有这样的心理基础才能导致一种愉快的愿望,去追求人的最高财产——知识和艺术技能。

三

要记住,你们在学校里所学到的那些奇妙的东西,都是多少代人的工作成绩,都是由世界上每个国家里的热忱的努力和无尽的劳动所产生的。这一切都作为遗产交到你们手里,使你们可以领受它,尊重它,增进它,并且有朝一日又忠实地转交给你们的孩子们。这样,我们这些总是要死的人,就在我们共同创造的不朽事物中得到了永生。

如果你们始终不忘掉这一点,你们就会发现生活和工作的意义,并且对待别的民族和别的时代也就会有正确的态度。

什么知识最有价值?

◇ [美] 布劳迪

什么知识最有价值? 斯宾塞 (Spencer) 在 1895 年的论文中使得这个问题闻名于世,但从正规学校教育开始以来,教育家就一直在思考这个问题。这是由于如下几个理由:第一,人的生活有多方面的价值,而这些价值并不总是调和的;第二,正规学校教育只能投入有限的时间和财力,因而必须作多种选择。而且教育家总是意识到:学校教育中的各种错误并不容易纠正。正如车子的轮胎磨损了,车子再倒回去并不能使得轮胎复原一样,学生不能随意摆脱所受教育的影响。

探讨这个问题的惯常而切合实际的办法是按照斯宾塞的做法:制定一个优先事项的清单并相应地把优先项目分配到学校教育之中。斯宾塞提出的需要层次体系指导教育家选择最有价值的知识,这个层次体系包括如下几个方面:

(1) 直接自我保护的需要。

(2) 获得生活必需品的需要。

(3) 有助于抚养和教育子女的需要。

(4) 与维持人们的政治和社会关系有关的需要。

(5) 充实生活中的闲暇时间,并满足爱好和感情的需要。

我不知道已经制定出来的这类清单成千还是上万,但这种做法已成了任何教育研究项目的一个标准构成部分。查明需要和目的,并且确定优先事项只是教育中一项较为次要的工作。根据这一点,人们问为什么这个问题持续达数世纪之久,也就情有可原了。

一、苏格拉底和爱苏格拉底

苏格拉底 (Socrates) 和爱苏格拉底 (Isocrates),就他们的部分生涯而言,算得上是雅典的同时代人。爱苏格拉底为青年人创办了一所著名的学校。他在那里教授演讲术、辩论术以及与政治生活上的成功有关的其他科目。这就是对雄心勃勃的雅典青年最有价值的知识,当时的成功之道需要这些技能。

苏格拉底也教青年人。他当年本来可能教他们演讲的技能,但他把大部分时间都花在对他们提出疑问上:目前的成功之道是否值得遵循?他想和青年人一起探究:是否有一种教授德行的特殊艺术和技巧能使生活真正有价值?

这两种学校不仅风格和重点有别,而且结果也不相同。爱苏格拉底的毕业生在政治和军事上表现出色。苏格拉底虽有不少才华横溢的学生,但有些学生最终还是在政治上蒙受耻辱,而苏格拉底本人也未能使雅典陪审团相信:在批评目前的成功之道方面,他并没有腐蚀雅典的青年。所以,今天极少有人读到过或记得爱苏格拉底,而苏格拉底却是不朽的文化英雄。由柏拉图记录或想象而撰写成的《对话录》仍然算得上一种畅销书,这真是令人啼笑皆非。

二、永恒的两歧

苏格拉底与爱苏格拉底的分歧在每个时代都有重演。社会统治集团判定为取得成功所需要的学校教育自动地成为"质量(quality)"教育的准则,也就是最有价值的知识。我们的社会中有许多成功的途径和社会阶级的许多等级,但是,我们不难鉴别出统治阶级及其偏好的学校教育。他们的价值观实际上就是真、善、美的表现。

虽然有多种成功之道和生活方式,青少年要在其中作出决定可能感到困难。幸运的是,他们掌握了一个尺度,借此不仅可以衡量某种职业的价值,而且可以衡量生活每一个侧面的价值,这种价值是某物在市场上的卖价。宣传媒介告诉我们一幅油画 25 万美元的出价、一个篮球运动员的 25 万美元的薪水、一张彩票的 25 万美元的奖金、一件值 25 万美元的宝石窃案、一件 25 万美元离婚赡养费的诉讼案。如果同样价钱的每件事物都是彼此相等的话,那么,推究什么知识最有价值就毫无必要——还不如去看看电视吧。

老少公民很难不按价格标签或类似的东西——名声——来衡量重要性。因为名声决定一种产品或一种思想的市场大小,而这种市场的大小又决定价格标签。并不像有些人的错误断言所说:宣传媒介反对德行或者"美好的事物",恰恰相反,宣传媒介总是把苏格拉底、耶稣和其他任何批评实利主义价值的人们作为特写的对象——如果这种节日能获得很好的尼尔森（Nielsen）的评分。金钱或爱钱可能是或者可能不是万恶的根源，但它确实使几种价值领域的特有的内在特性变为一种味道——生活就会变得像冰淇淋只有一个品种那样的枯燥乏味。

市场告诉我们（包括青少年）哪种知识最有价值。最有价值的知识是"怎样做（how to do）"的知识。这种知识和技能用来获得具有一些市场价值的一种循序渐进的结果或者能力，能有高的市价更好。传授"怎样做"的知识的书籍，从恋爱到离婚或者减肥，各种科目都有，十分畅销。人们告诉教师要练习具体的行为能力，并且要把注意力集中于可用最低能力测验测量的学习内容上。如果有一条牢固的教育通则，那就是：不要迷信一般原则。

可是，在今天（每个时代都一样），学校越来越偏向于成功之道或者职业市场。这种趋势受到苏格拉底继承者们的质疑。他们论证道，有一种关于人类本质和心理品质与性格方面的知识，这种种方面都有助于幸福，因而论证道，这是最有价值的知识。这在哲学和宗教里是一种具有悠久而顽固传统的人生观，而且在人本主义者和知识分子中不乏其鼓吹者。

许多家长也根据更为实用的理由反对中学或大学里过早专门化的办法。他们认识到，有些学科适用于很多种的职业，譬如，交际技能、缜密思考、数学推理、问题解决的策略。可以这么说，这些是适合于一切用途的工具，因而把学校教育过早地局限于这种、那种行当或者专业的技能上，从学术和经济的理由来看，都是失策的。而且，这些家长相信，如果学生在学校学习时不熟练地掌握较为一般化的领域，那么，在其他地方就很难熟练掌握了。

颂扬普通学科的还有工商界的巨头们。他们不时公开宣称：具有广博的理智素养的雇员比那些受过狭窄的专门训练的雇员更有价值。不幸的是，他们雇用人员的办法并不总是符合他们的声明，因而据说他们认为：专门化大为得用。

然而，尽管有这些拥护者，"推销"中学普通学科课程仍然困难，在大学里就更加艰难了。用德鲁克（Drucker）的话来说，"他们（大学生）不注意'青年文化（youth culture）'和宣传媒介常弹的老调，已从心理学转向医学，从社会学转向会计，从黑人研究转向计算机程序编制"。

这种转变的理由并不难找到。没有一种价值崇高得不依赖于财政上的支持。所以,我们就可以理解:青少年首先急切关心的是他们的终身职业,而在经济地位有保障的时候才注意更加普通的或者更加博雅的学科。按照亚里士多德的见解,如果博雅学科(liberal studies)仅仅是为了自我修养,而不是出于经济和社会的必要,那就很清楚:现代的青年没有时间学习博雅学科,有钱的退休人员似乎是学习这类学科最为合适的人选。

此外,大学里一贯支持博雅学科的人可能是在一些人文学科的系里,但可惜的是他们缺乏信誉。他们的兴趣往往并不比自然科学里、专业学校中的专家更广或者更富于人本主义的精神。他们作为人本主义领域内的学者,都是专业人员和专业组织的成员,他们要从他们自己的研究生中吸收新的成员。但是,要资助研究生兼任教学助教的工作,就需要大量的本科生以便让这些研究生来担任教学工作。当代以"质量"自豪的研究大学(research university)并没有提供许多受过普通教育或人文教育的榜样让学生去仿效。

但是,对于普通教育最具有破坏性的事实是,普通教育是否确实发挥其支持者所声称的那种职能难以证明。如果学生毕业十年以后,回忆不出他们学习过的学程里的什么内容,如果他们又不再"应用"这些内容来处理他们的生活问题,那么,就不可避免地要提出这个疑问:为什么要费神学习这些学程?这个问题已经困扰美国学校数十年之久了。这个问题不仅导致拉丁语,也使其他许多学科都被排除在必修课程之外。它困扰着整个中等学校的组织。

公立学校的行政人员,一方面必须密切关注大学的入学要求,另一方面还要关注不准备上大学的学生中学毕业以后的职业。公立学校重视个别差异,承认每个学生有权接受符合他自己需要的教学,这就加剧了公立学校行政人员紧张的心理状态。最近几十年来课程编制中很流传的行话是:可以任选的学科或学校,选修课,可以自由选择的对象。结果是,公立中学按照规章制度,挫败多数人而满足少数人。由于个别差异变化万千,甚至每天都不一样,所以为每一个选区制定符合需要的特殊教学计划,这种诺言是注定要付诸东流的。

在这种情形之下,我们就必须在这样两种课程中作出决断:一是满足各种不同需要（或欲求）的"大杂拌课程"，二是对中学毕业后职业渠道和中学毕业后各种生活情境帮助最大的统一的"基本粮食"模式。

反对大杂拌模式的论点，既有理论的，也有实用的，大家熟知的理由我就不准备谈了，但有件事还是应当提一下。一是，许多服务性行业取代许多工厂职业的前景。这个前景要求大量中学毕业生有较多的使用符号的技能（symbolic skills）的功底以适应中层的职业。二是，即使借口为了教育具有见识的公民也要求有一个想象的概念库，而这种库藏只有长期不懈地学习普通学科才有希望提供。最后，急躁的大学生急于从事专业课程的学习，如果普通教育在中学不能彻底实施，可能就根本不能实施，至少在退休前是实施不了的。

三、反对的论点

但是，反对统一的普通教育课程的论点也很多，而且是我们熟知的。其中最为熟悉和最有影响的论点也许是：这样一种课程不适合于大部分被迫就读于公立中学的学生。它是适宜于英才的，而不适宜于那种不打算上大学的学生，这类学生需要较早地为就业做好准备。这种反对论点也是大家熟悉的，因而无须详述。那些希望为普通学科课程作现实主义论证的人面临着三个方面的任务。第一，要使学校行政人员和公众相信普通学科对于生活是有用的，这个用处是可以证实的；第二，这样的课程是可以教给所有可教育的学生的；第三，人们必须有合理的证据表明，只有从幼儿园到第十二年级开设面向全体学生的普通教育课程，学校系统才是最富有成效地使用财政资源。我打算简要地论证这种观点。

本文不打算研讨中学或我以为较为重要的从幼儿园到第十二年级的普通教育课程的细节。但是，我还是要提一下这样一种课程的组成部分：

（1）信息符号学——语言学、数学、意象。

（2）数学、物理学、化学、生物学的基本概念。

（3）发展的主流：宇宙、制度和文化的演进。

（4）问题解决。

（5）文理各科的范例。

人们能够对为时十二年的这种课程的学习合理地寄予什么希望呢？很清楚，人们可以期望充分保持信息符号学和科学基本概念以从事中学后的学习。问题解决方面渴望在社会的与个人的问题情境中养成缜密地或假设—演绎地进行推理的习惯。发展性学科大概很少靠死记硬背的学习来长期保持。发展性学科和范例以及有影响的文理各科的著作大多数都在默契中得到使用。所有这五个分支在幼儿园到第十二年级这个范围内都需要学习，但深度和详细程度有所不同。只有当教材在广泛多样的材料中反复出现时，这种教材才真正成为心智结构的一个部分。

即便如此，事实仍然是，而且可叹的是还为我们大多数人所证实：我们通过考试不到五年，能够回忆出曾经学得很好的历史、科学、文学的内容已所剩无几了。我们许多人也不能宣称：我们在"应用"中学或大学学程中学习过的原理、事实和关系，我们所说的应用是指，如果遇到一个生活问题或困境，我们就可以从学校的正式学科（formalstudies）中推演出解决问题的办法。在专门化领域中，我们应用技术性和专业性的学科，但通常只是限于在这些领域里应用而已。普通学科很难应用，因为从原理到困境没有直接的路径。我们不能应用热力学原理来修理汽车，除非我们懂得大量有关汽车内部结构的知识，并有更换失灵零件的技术。

外行和许多教育家也认为，评判学校教育的标准是学生回忆学过的内容的能力或者应用已学内容的能力。然而，按照这些标准看来，普通学科的情况很糟。在这个紧要关头，我们或者在原来的理由除了靠重复或应用来使用从前所学的学科之外，提出另一条正当的理由；或者就服从提倡早期职业学科和职业前学科的人的主张，因为这些学科的用途容易得到证明。

我提出的正当理由在很大程度上取决于波拉尼所说的：缄默的认识或超过我们能够讲述的认识。这意味着，正式学习过的大多数东西在从学校毕业以后的生活中是默默地而不是明确地发挥作用。我们能探明这样的一些默默的用处吗？

要得出一个迅速而富有启迪性的答案，请阅读星期日出版的下一期《纽约时报》，尤其是论述趋势和观念的部分。请注意理解在什么地方出现了种种障碍,并问一下你是否正式做过这方面的工作。有多少论文对你来说是技术性太强了?有多少要求有正确观察事物相互关系的能力和对事物的来龙去脉有一定的了解?有还是没有?

这就是普通学科发挥作用的途径,即便细节不再能够回忆起来,普通学科也为我们提供了一个据以思维、想象、感觉之意象和概念的仓库。它们以大量的联想资源使得我们的反应丰富多彩;它们使我们的经验安排得明白易懂,因为明白易懂的次序是借助学科媒介默默地形成的。

这种粗略而迅速的检验指出,我们怎样在自己专业以外的领域中使用普通学科。而且,这是一种公平的检验,因为阅读、讨论和思考当今的问题,是我们公民使用学校教育的方式。我把这些对学校教育的使用称做是联想性的和解释性的,而与重复性和应用性的使用区别。在这些使用中,我们借助在学校学科中获得的意象和概念来思考和感觉。没有接触过这些学科的人暴露出联想的贫乏,也不知道事物的来龙去脉。这些使用没有什么神秘或深奥之处。普通教育课程构成各种观察的媒介,我们通过这些媒介来诠释现实。每一教材的媒介都使某种情境与一门学科的语境联系起来;每一刺激都引出种种意象,使这个刺激具有致使语言惯用法明白易懂的深刻意义。

正是这种对知识的联想性和解释性的使用,可以使知识变得不仅从长远来看而且从近期来看,不仅对力争成熟的青少年而且对有时间反省其生活经历的退休者,都最有价值。它有价值,并不是因为它得到社会英才的推崇,也不是因为它在这种文化里的成功历程中会获得直接的职业报偿,而是因为这种构建情境的知识(contextbuilding knowledge)赋予我们在工作中、在投票站及在家中做事、思考和感受的一切事物以形式。这就是有教养的心智的形式。

教育与美好生活(节选)

◇[英]罗素

在我们考虑如何进行教育之前,完全有必要弄清楚我们究竟希望获得怎样的教育成果。阿诺德博士希望培养"思想的恭顺",这种品质是亚里士多德的理想人物"宽宏大量的人"所不具备的。尼采认为不应该培养这种基督教徒的品性。康德的教育观也不再被人们所信奉。康德指出,没有一种以爱作为动机的行为可以被看作是真正的善。那些认为一种好品德是由综合因素组成的人,则承认各种观点各自具有相对的重要性。有的人强调培养勇气,有的人强调培养知识,有的人强调培养善良,有的人强调培养正直。有的人,如鲁图,把国家的教育职责放在家庭教养之上;有的人,如孔子,则把家庭教养放在首位。所有这些教育观念的差异,都会导致教育的差别。因此,在确定任何一种我们认为是最好的教育之前,必须具有我们希望培养出一个什么样的人的概念。

当然,在某种意义上可以说,如果一个教育工作者生产的成果不是他自己追求的目标,那他可能是一个笨人。乌雷·海拔是一所慈善学校仁慈教训的成果。这所学校培养出了一个完全不同于学校宗旨的学生。但在主要方面,那些最聪明能干的教育工作者确实已经取得了成功,如

中国的知识界,现代日本人、基督教会、阿诺德博士和制定美国公立学校政策的人们,都以他们的不同方法,在教育上取得了很大的成功。追求不同的教育目标得到的成果是截然不同的,但他们都取得了重要的成就。在试图选择我们认为应该实现的教育目标之前,花些时间分析一下这些不同的教育理论体系也许是值得的。

传统的中国教育在某些方面与雅典黄金时代的教育非常相像。雅典的孩子被迫从头至尾背诵荷马史诗,中国的孩子被要求熟读所有的儒家经典。雅典人被教导要崇敬形象鲜明的诸神,这些神依据人们的自由的明智想象坐落在各个地方。同样,中国人被教导要服从一套与崇拜祖宗联系在一起的习俗,并且服从这些习俗中所包含的信念。一种简单而精致的怀疑论,倾向于希望一个受过教育的成人做到对任何东西应该进行思辨,但这种讨论对于得到积极有益的结论来说是毫无价值的。不同的意见之间应该开展人们在用餐时那种愉快的探讨,而不应该像有些人那样为自己恪守自己的观点而搏杀。卡莱尔把柏拉图称为"一个贵族派头十足的雅典绅士,沉湎于他那天国的悠闲"。这种"沉湎于他那天国的悠闲"的品质,也可以从中国的圣贤中找到。然而,除像歌德那样深刻汲取古希腊人文主义思想的人外,一般来说,用基督

教文明培养出来的西方圣贤是缺乏这种品质的。雅典人和中国人一样希望享受生活并形成了一种享受的观念，这种享受的观念是由一种高雅的审美观精炼而成的。

　　但无论如何，希腊文明和中国文明之间有着很大的差别，从实际情况看，我们大致可以说希腊人精力旺盛，而中国人怠惰懒散。希腊人把他们旺盛的精力贡献于艺术、科学及人与人之间的互相残杀，在这些方面他们都取得了史无前例的成功。政治和爱国主义使希腊人的精力能够得到实际的发泄：当一个政治家受到驱逐，他会率领一群被流放的人进攻他原来的城市。当一个中国官员遭到贬黜，他会退居山庄，写诗作词，安享田园生活之乐。正因为如此，希腊文明毁灭了希腊文明，而中国文明只会被它的无所作为毁灭。既然儒教在日本除在京都贵族阶层中形成一个"郊区圣人热尔曼"组织外，绝没有产生中国文人特有的那种消极无为、文质彬彬的怀疑主义。那么，我们似乎不能把希腊和中国文明的差别完全归之于教育。

　　中国教育创造了稳定和艺术，它不能创造进步和科学。也许这是信奉怀疑主义带来的后果。狂热的信念不是产生进步，就是导致破坏，但不能创造稳定。科学甚至在它抨击传统观念时就有它自己的信念。科学绝不可能在一种怀疑主义的气氛中繁荣兴旺起来。在这个动荡不安的、已经被现代科学技术的发明联结为一个整体的世界上，活力是一个民族自我维护所必需的。并且，没有科学，实现民主是不可能的。中国的文明局限于为数很小的一部分受过教育的人，而希腊的文明是建筑在奴隶制的基础上的。由于这些原因，传统的中国教育不能适应现代社会的发展，它被中国人自己抛弃了。一个 18 世纪的有教养的绅士，会以颇具中国的文人风度而得到人们的敬重，现在人们已不可能以此为荣了。

　　一个教育者应该爱年轻人，但是仅仅这一点是不够的，他还必须具有对人类优秀品质的正确理解。猫教小猫捕捉老鼠并且玩弄它们，军国主义者对青年人做类似的事情。猫爱小猫，但不爱老鼠；军国主义者可能爱他自己的儿子，但不爱敌国人的儿子。甚至那些爱全人类的人，也可能由于对美好生活的错误理解而犯错误。所以，在我进一步论述之前，我将试图对我所认为的男子和女子的优秀品质提出一个看法，完全不考虑实际问题,也不考虑用以培养这种优秀品质的教育方法。当我们以后来考虑教育的具体方面时,这样一个描绘将对我们有帮助:我们将知道我们希望前进的方向。

我们首先必须进行一个区别:有一些品质是合乎人类的某一部分人需要的,另外一些品质是合乎全人类需要的。我们需要艺术家,也需要科学家;我们需要伟大的国家管理人员,也需要庄稼汉、磨坊主和面包师。一个人在某一方面非常突出的一些品质,如果普遍化了,常常可能成为不合乎需要的品质。雪莱曾这样描写一个诗人一天的工作:

> 从拂晓到傍晚,
> 他将遥望那阳光闪烁的湖面,
> 凝视常春藤花丛中的蜜蜂,
> 不留意也不理解它们是什么。

这些习惯在一个诗人身上是值得称赞的,但是,譬如说,在一个邮递员身上就不值得称赞了。所以,我们不能从使每个人都具有诗人的气质的观点来制定我们的教育。但是有些特性是普遍需要的,而我将在这里考虑的就只是普遍需要的特性。

我对男子和女子的优秀品质不作区别。对一个要养育婴儿的妇女来说,某种程度的职业训练是需要的,但是,这种差别,不过是像农民与磨坊主之间那样的差别罢了。这种差别绝不是根本的,在我们现在的讨论中并不需要加以考虑。

我愿提出四种品质,在我看来,它们共同形成理想品格的基础,这就是活力、勇气、敏感和智慧。我并不认为这个罗列是全面的了,但是我认为它对我们有很大帮助。再者,我坚信,通过对儿童身体、感情和智力上恰当的爱护,可以使这些品质非常普遍。我将逐一分析这些品质。

活力,与其说是一种精神品质,倒不如说是一种生理特质。活力大概总是与良好的身体状况伴随在一起,但它随着人的年龄增长而趋向衰退,并且到了老年时会渐渐化为乌有。在生机勃勃的孩子入学之前,活力会很快上升到一个最高阶段;在儿童入学之后,会由于受教育而趋向减弱。哪儿有活力,即使没有特定的令人愉快的环境,哪儿也会有充

128

满生气的愉悦。活力能增加生命的喜悦,减少生活的痛苦。不论发生什么情况,活力能容易地给人们带来一种利益,它作为一种明智判断的基础,能促进客观现实的变化。人类易于变得只注意身体,而对他们自身之外的所见所闻不易感兴趣。既然活力能够帮助人类承担最大的烦恼和最大的忧郁,所以这样做对人们自己是一个巨大的不幸。除罕见的情形外,这样做对人们取得实际利益也是一种致命的障碍。活力增进外部世界的利益,它也增进人们勤奋工作的力量。而且,活力是一种反对嫉妒的防护措施,因为它能使一个人一直心情愉快。嫉妒是人类痛苦的最大根源之一,因此防范嫉妒是活力的一个非常重要的优点。许多坏品质是和活力的进程一致的,例如牛顿和洛克就几乎没有活力,因为牛顿和洛克容易激动和嫉妒,而这些缺点能为身体健康的人所克服。假如牛顿的身体更加健康并能享受日常生活的快乐,也许那场毁坏英国一百多年数学发展的牛顿与莱布尼茨的争论,本来是可以避免的。因此,尽管活力具有局限因素,但我还是把它看作是所有的人应该具有的最重要的品质之一。

勇气,我们所列出的第二种品质,它具有多种形式且复杂多变。无所畏惧是一种形式,具有控制害怕的力量是另一种形式。当害怕是合理的时候,无所畏惧是一回事。反过来,当害怕是不合理的时候,无所畏惧是另一回事。没有不合理的害怕是一种明显的良好品质,这是一种控制恐惧的力量。但是,没有合理的害怕,则是一种可能引起争议的品性。不过,我想先把这个问题放一下,等到我论及勇气的其他形式的时候再来分析。

不合理的害怕,在大多数人的本能的感情生活中扮演着非常重要的角色。在由疾病引起的不合理的害怕形式中,如迫害躁狂症、忧虑就非常复杂,有些需要精神病学家的治疗。但是,在我们心智健全的人中,一种较为温和的不合理的害怕形式是共有的。它可能是普通的感觉存在着的一种危险,更确切地可以称之为"忧虑",或者是对某种事实上并不危险的事物的恐惧,如对老鼠和蜘蛛的惧怕。人们曾经认为许多惧怕是人的本能的反应,但现在大多数研究者对此产生了疑问。人确实有一些本能的恐惧的心理,如本能地害怕巨响,但是人们绝大多数的害怕心理不是来自经验,就是来自暗示。例如,对黑色的恐惧,似乎完全是由于暗示造成的。我们有理由认为,大多数脊椎动物不会对他们的天敌感到本能的恐惧,他们是从长者那儿获取这种恐惧的感情的。当人类人为地养成了这些恐惧心理时,在其他种类的脊椎动物中却没有这种害怕。但是,恐惧是非常富于感染性的:即使长辈并没有有意识地教过,孩子也会从长辈那里获得这种恐惧感。母亲和护士的胆怯会通过暗示很快被儿童模仿。迄今为止,男子认为女性颇有吸引力的胆怯是一种不合理的恐惧,因为胆怯只是为男子提供了防范显然不会发生任何真正危险的机会。但是,这些男子的儿子从他们的母亲那儿学会了惧怕,假如孩子的父亲不希望自己的孩子看不起他们的母亲,他们只能在往后重新培养一个男子汉必须具备的勇气。

我不想马上讨论减少恐惧和忧虑的方法,我将谈到这些事情。现在我们要讨论的一个问题,即我们对用恐吓相伴的抑制方式感到满意吗?贵族成员被传统地训练成无所畏惧,与此同时,被统治的民族、阶级和人们却被鼓励保持怯懦胆小。勇气可以从粗野的行为中得到检验:一个男子必须在战斗中不逃跑,他必须在"男性的"运动中表现出色,他必须在大火、海难、地震等紧急情况下镇定自若。他必须不但做事正确,而且必须避免脸色苍白、浑身发抖、气喘吁吁,不要显露出任何其他容易产生恐惧的迹象。所有这些我认为都是极其重要的。我希望所有的民族、所有的阶级、所有的男性和女性都能培养这种勇气。勇气也会产生罪恶,它总是和罪恶的实践联系在一起的。不知羞耻可能会产生明显的勇气,但事实上它只能引起一种恐惧,就是害怕公众的强力谴责。"永远说老实话,否则会有什么事情使你害怕。"这是我在孩提时就听说的一句格言。我不能承认这个观点。人们不仅应当在行为中战胜恐惧,而且应当在感觉中克服恐惧;不仅应该在有意识的感觉中克服恐惧,而且应当在无意识中克服恐惧。纯粹外在的战胜恐惧是合乎贵族的行为准则的,它能有效地打击秘密活动。我不想考虑与恐惧明显联系任一起的"弹震症",只想讲一讲整个压迫和残暴的社会制度。占支配地位的特权阶级企图依靠这个制度,来维持他们的优势。最近在上海,一个英国军官命令军队向一群手无寸铁的中国学生开枪,他当时显然像许多战场的逃兵一样是被惧怕所驱使的。但是,军队贵族没有足够的理智去追溯这种暴行的心理根源,他们把这些行动看作是显示他们的坚决和特有的精神。

一种并非存在于压迫中的勇气必定是由许多因素组成的。勇气来自最大的恭顺：健康和活力尽管不是必不可少的，但却是非常有益的。在危险情境中的实践和技能是非常需要的。但当我们对在这样或那样情况下失去勇气进行思考时，普遍的勇气的产生，需要某种更为基本的东西。这种所需要的更为基本的东西是一种自我尊重和非个人主义人生观的结合。自我尊重开始于：一些人过着自尊生活，而其他人则被周围的人看作是面镜子。后者永远不会有真正的勇气：他们必须有赞美，而内心里萦绕着害怕失去这种赞美。曾被认为很需要的"谦卑"教学，是创造一种罪恶般堕落的手段。"谦卑"压抑自我尊重，而不期望其他人对自己尊重，它只是使人降低人格的尊严去博取他人的信任。这样，它只能产生虚伪和本能的弄虚作假。当儿童成长时，人们毫无道理地训导他们屈从，并且继续教会他们养成"谦卑"。据说只有那些学会屈从的人，才知道如何进行指挥。我的观点是，任何人都不应该学会服从别人，任何人都不应该指挥别人。毫无疑问，我并不是说在一个互相协作的事业中不应当有领导者；而是说，他们的权威应该像一个足球队的队长那样，为了实现一个共同的目标而自愿忍受痛苦。我们的目的应该是自我自身，而不是外部权威的决议。我们永远不应该将自己的目的用暴力强加于别人。这就是我所说的一个人不应该指挥别人，一个人不应该服从别人的含义。

为了获取最大的勇气，有一样更加应当得到的东西，那就是我刚才所说的一种非个人主义的人生观。一个把希望和害怕都集中于自我的人，是不能镇定自若地看待死亡的，因为死亡能消灭他的整个激情的世界。这里，我们又一次遇上了由一种传统驱使的低廉而便利的抑制方法：道德高尚的人必须抛弃自我，必须禁欲和摒绝天性的快乐。这是可能做到的，但它得到的却是坏的后果。苦行的圣人抛弃了自我的愉悦，也更容易抛弃别人的快乐。圣人的内心里始终存在着对他人快乐的嫉妒，却给他自己带来受苦的高尚外观，因而是一种合理的自作自受。由此引起了一种彻底的价值倒置：好的东西被认为是坏的，而坏的东西则被认为是好的。一切危害的根源在于，人们按照一种消极的规则来寻找美好生活，而不是在扩大和发展自然愿望和本能中寻找美好生活。

在人类的本性中存在着一些能使我们不经努力就能超越自我的东西。人类本性最一般的东西就是爱，它是比父母之爱更为普遍而广泛的爱。有些爱是如此的博大，它包容全人类。另一种是知识。没有理由可以说明伽利略不是一个特别仁慈的人，他为了自己的目标而生活，不被死亡所吓倒。事实上，一个人自我身体之外的每一种兴趣，都能使他的生活达到某种程度的非个人主义。由于这个原因，看起来似乎有点荒谬，一个野蛮而有着强烈兴趣的人，要比那些由于自己生活中遭到挫折而埋没了兴趣，被神秘的多疑症困扰的人更容易献出自己的生命。因而，这种勇气的优点在有着许多兴趣的人身上都能够找到。有着许多兴趣的人感觉他自我只是这个世界的一个很小部分，这并不是由于他看不起自己，而是他认为在他自身之外还有许多有价值的东西。除非一个人天性自由，理智活泼，否则他难以达到这样的境界。天性自由和理智活泼的结合，能产生一种不为骄奢淫逸的人与禁欲之徒所理解的观念，持有这种观念的人把个人的死亡看作是一件平常之事。这种勇气是积极的和天性的，而不是消极的和受压抑的。这是积极观念形成的勇气。我认为，这种积极观念是形成某种优越品质的主要成分。

敏感，我们所列的第三种品质，是一种在意识中对纯粹的勇气起矫正作用的品格。对于一个不能理解危险的人来说，勇敢行为是容易产生的，但这种勇气可能常常是一种愚蠢行为。我们不会对建立在无知和疏忽基础上的任何行为方式感到满意，尽可能完备的知识和了解是一种值得向往的基本因素。无论如何，深思熟虑的见解来自理智的头脑；敏感在我正在运用的这一特定词语的含义中，属于激情。一个纯粹理论上的解释可能是：当一个人在许多刺激因素的作用下会产生激情时，他是一个激动而有生气的人；但是，一个有教养的人并非需要具备这种粗糙的品质。如敏感被认为是好的，激情的反应必须在某种观点看来是恰如其分的，不需要单纯的敏感强度。人的内在品质是受许多事情影响的产物，或者是由许多事情造成的倒错。我将要解释的是什么是正确的东西。第一步，即大多数儿童大约在出生五个月时就具备的，是超越如饮食冷暖之类的感官的愉快，要求社会认可的愉快。一旦有了这种愉快，它会急速地发展：喜爱称赞而讨厌责备。希望通常被认为是贯穿于整个生命的要素之一。希望作为一种对快乐行为的刺激因素,作为一种对贪婪冲动的抑制因素,当然是非常有价值的。假如我们比我们所赞美的人更加明智,那么希望可能会更有价值。但是,只要大多数受赞美的英雄人物是最大限度地屠杀人民的人,那么受赞美人的爱对于理想生活来说是无济于事的。

在发展一种理想的敏感形式中,第二步是同情。存在一种纯粹自然的同情:一个很小的孩子会因为哥哥或姐姐在哭而哭。我认为,这为将来的发展提供了基础。从两方面进行扩展:首先,即使受痛苦者不是一个钟爱的对象,能给予同情;其次,当痛苦不是现在正在经受的,而只是知道它可能发生时,能给予同情。这第二方面的扩展主要依靠理智。它可能达到同情优秀小说中所描绘的那种强烈而可感触的痛苦的程度;另一方面,它可能使一个人达到由于统计数字而激动不已的程度。这种抽象的同情能力是极其珍贵的。当看到自己所爱的某个人在熬受癌症的痛苦时,几乎每个人都会深表同情。当看到医院里不认识的病人在忍受痛苦时,大多数的人会为之动容。但是,当他们从报刊上读到死于这种或那种癌症的比例时,通常只有短暂的一点点个人恐惧,或去询问一下他们亲爱的人的病情。真正的战争也是这样。当自己的儿子或兄弟在战争中致残时,人们会认为战争是可怕的。所有这些现象表明,在大多数人中,仅仅用一种抽象的刺激因素是不能激起同情的。假如这种情况能够得到纠正,那么现代世界很大一部分的罪恶将能被消灭。科学已经大大地增强了我们影响遥远地方人们生活的力量。假设你是上海一家棉纱制造公司的股东,为了根据金融情报进行投资,你可能成为一个大忙人:既不是上海也不是棉纱引起你的兴趣,而仅仅是股息引起你的兴趣。假如你不违背人情去迫使幼小的儿童当可怜而危险的童工,那么你的红利就会失去。这样,你就强行扮演了屠杀无辜人民的角色。你无动于衷,因为你从来也没有见过那里的儿童,并且没有一点抽象的刺激因素会使你感动。这就是为什么大部分工业主义如此的残暴,为什么会宽容对其他民族的压迫的基本原因。

认识的敏感也应该包括在内,实际上它像观察的习惯一样,我们会很自然地把认识的敏感与智慧联系起来考虑。由审美敏感引起的许多问题我不希望在这里讨论,我将继续分析我们所列举的四种品质的最后一种,即智慧。

　　传统道德的一个最大的缺点是对智慧的评价太低。在这方面，希腊人做的是对的，但是宗教教会引导人们认为除了美德便无所事事，并且美德存在于禁欲，而禁欲来自一张确定的任意标上"罪恶"的行为清单。只要这种态度坚持下去，那就不可能使人们认识到智慧起的良好作用远远多于任何一种人为虚构的传统"美德"。我所说的智慧，包括实际知识和接受知识的能力。事实上，这两方面是密切联系在一起的。无知的成人是难以教化的，例如像卫生或饮食习惯这样的事，他们完全不能相信科学已经揭示的道理。假如一个人没有受过教条主义精神的影响，那么他学得越多，就越容易接受更多的东西。无知的人从来不想去改变自己的思维习惯，已经使自己形成了一种僵化的难以变化的行为态度。他们不仅在值得怀疑的地方是轻信的，而且在许多应该接受的地方却是固执的。毫无疑义，"智慧"这个词与其说是恰当地表明已获得的知识，倒不如说是很好地表明一种获得知识的能力。但是，我并不认为离开实际的经验能获得这种能力，这种能力并不比一个钢琴演奏者或一个杂技演员的能力更强。当然，用不培养智慧的方法传授知识是可能的，这不仅可能，而且方便，经常可以做到。但是，我不相信不传授知识就能培养智慧，或在任何程度上促使知识被人们掌握。没有智慧，我们这个复杂多变的现代世界不能继续存在；缺乏理智，这个世界一点也不能取得进步。因此，我认识智慧的培养，是教育的主要目标之一。这看起来似乎是老生常谈，其实不然。被认为是正确信念而逐渐灌输的期望，常常使教育受到过多的影响以至根本无法培养智慧。为了使我们能更清楚地认识这一点，有必要对智慧稍作一些确切的限定，以便显露智慧所需要的思维习惯。为此目的，我将只考虑获取知识的能力，而不考虑可以合理地包含在智慧范畴中的实际知识。

　　智力生活的天性基础是好奇心。好奇心的初级形式我们在动物身上也能找到。智慧要求一种活泼机灵的好奇心，但它必须是一种确定的好奇心。那种促使村民试图望穿夜幕的好奇心没有多少价值。对流言蜚语的广泛兴趣不是由对知识的爱好引起的，而是由恶意引起的：没有一个人会去闲谈他人的隐秘美德，而只会去闲谈他人的隐秘罪恶。一般来说，大多数流言蜚语是不真实的，且难以查证清除。严格意义上所说的好奇心，是由一种真正的对知识的爱好所激励的。你可以从一只被放到一间陌生房间里的猫身上看到这种节制的单纯冲动的作用。这只猫会不断地嗅遍这间陌生房间的每一个角落和每一样家具。你也可以从充满好奇心的儿童身上看到这种冲动。他们会打开通常关闭的抽屉或壁橱，把里面的东西一样一样翻个遍。动物、机器、雷暴雨和各种各样的手工产品都会激起儿童的好奇心。儿童对知识的孜孜以求的精神甚至会使大多数有智力的成人感到羞愧。随着年龄的增长，这种冲动会日渐削弱，直到最后被一种厌恶所驱使，失去了进一步了解事物的渴望。在这种情况下，人们会说国家正在变糟，"现在的东西不像我年轻时那个样子"。其实，这是说话者对出现的与很久以前不同的东西所表现出的一种好奇心。并且，我们可以推断随着好奇心的泯灭，活跃的智慧也将不复存在。

尽管人在离开童年以后，好奇心在强度和宽度上会逐渐减退，但是它可以在长期的生活中转变为一种品质，对一般建议的好奇心比对普通事实的好奇心显示出一种更高的智慧水平。广义地说，普遍性越高，与智慧的关系越大（不要把这一尺度看得太死板）。与个人利益分离的好奇心，比像美餐一顿之类的好奇心显示出更高的发展水平。嗅闻一间新居室的猫不是一个毫无私心的科学探索者，它可能是想发现什么地点有老鼠。然而，认为好奇心唯有不带私心才是最好的也许并非十分正确。只有当除了用某种程度的智力去探究事物的意义，与其他利益没有直接或明显的联系时，这种好奇心才是最好的。无论如何，对我们来说确定这一点是十分必要的。

假如好奇心要富有成效，它必须与获得知识的某种技巧联系在一起。其中，必须包括观察事物的习惯，相信获得知识的可能性，坚持不懈的努力和勤奋进取的精神。这些东西通过大量具有创造性的好奇心和恰当的教育会得到发展。但是，既然我们的智力生活只是我们活动的一部分，既然好奇心会与其他的激情不断地发生冲突，这就需要某些像虚心坦诚这样的智慧美德。如果我们对来自习惯和期望的新的真理变得无动于衷，就难以去怀疑多年以来深信不疑的东西，也难以去怀疑照顾自我尊重和任何其他基本感情的东西，所以谦虚坦诚应当是教育创造的品质之一。

一个由具有活力、勇气、敏感和智慧的人们组成的人类共同体，只能靠与迄今为止的任何教育迥然不同的最高度完美的教育来创造。在这个人类共同体中,几乎人人是幸福的。导致人们现在不幸的主要原因是失去健康、贫困和情感生活不完满,所有这些将变得非常罕见。人们普遍身体健康,甚至老年也可以推迟到来。自从工业革命以来,贫困只能是由集体的愚笨造成的。敏感将使人们希望消除愚笨,智慧将指导他们前进的道路,勇气将带领他们实现目标(一个胆怯的人与其说是奇特地做事,倒不如说继续存在痛苦)。一代无所畏惧的女性,能培养一代无所畏惧的儿童,他们天性犹在、身强力壮、正直坦率、宽宏大量、情爱深沉、自由解放,从而能够改造整个世界。他们的热情和干劲,将彻底地洗涤由于我们懒散、怯懦、冷酷和愚笨而忍受的残忍和痛苦。懒散、怯懦、冷酷和愚笨是现有的教育带给我们的坏品质,而理想教育必定能给我们带来勤奋、勇敢、善良和聪慧的美德。教育是人类开辟新世界的钥匙。

要保持"水源的清洁"

◇ [苏] 苏霍姆林斯基

我面前放着一封信。当我接触到它的时候,它像一块烧红的铁那样烫手。

这是一个被判决死刑而等待着末日的 19 岁青年写来的信。他的这份自白用练习本的纸写了 48 页,写得前言不搭后语,而且态度是远非诚恳的。

我给这个青年写了回信。他的母亲又到我这里来,要求去跟她儿子见上一面。跟他的谈话很难谈到一起……

使我震惊的,是那种可以称之为理智幼稚病的东西。从他的信里,以及从我听到的他的话里,只有慌乱和恐惧,而没有忏悔,没有对罪行的认识。

他并不是成帮结伙的强盗,只不过是一个卑劣的、可怜的、空虚的人……他杀死了一个原来素不相识的 16 岁的青年。他们在公园的一条窄小的路上面对面相遇。16 岁的青年不愿让路,于是他——19 岁的青年,就发了火。他口袋里有一把刀子,他动了刀子,就把人杀死了。

被害者的母亲奔上前来,他又刺她一刀,致成重伤……

可怕的精神空虚,不懂得生命是一种宝贵的财富,这就是这件罪行的后面所隐藏的东西了。

我是抱着轻蔑和厌恶的态度来看这个人的。然而同时,却有一种损失了什么似的沉重感,像一块石头压迫着我的心……这是人的损失。是这样一种想法的沉重感:这个青年,如果对他进行了正确教育的话,他原本是能够成为一个真正的人的。

在他的信里,有些话是指望引起人们对他的怜悯的:"只有在死亡的不肯饶恕的眼光之下,我才懂得了生命是多么宝贵。"也只有当灾难降临到这个家庭里的时候,母亲和父亲才号啕痛哭:怎么,为什么会发生这样的事?他们吁求别人对犯罪分子的同情心和人道精神。然而他们的遭遇只能在这样的程度上得到人们的宽容,就像看到一个把自己喝水的井填没而又遭受干渴的痛苦的人一样去看待他。然而,人的明智就在于,我们既然从这个水源里取水吃,那就要永远保持这个水源的清洁。

经验——并不总是成功的经验,有时是痛苦的经验教会了我:早在一个人的童年时代,就能够断定,这个人在将来,也许在 *15* 年或者 *20* 年以后,会有一种滑入邪路的危险来威胁他。只要有一点点哪怕是出于设想的征兆,觉得一个人有可能成为违法分子或者犯罪分子,那就必须在童年及早地预防这种危险,注射强有力的抗毒剂。这一点是我们的教育技巧的极其细致微妙的方面之一。

你们看到,儿童和少年具有一种天然的社会直率性,那就应当明白地、毫不拐弯地告诉他们:什么是好,什么是坏,什么是白,什么是黑。你要马上拿出公正的表态来,丝毫含糊不得。我们不仅不能有一时一刻忘记这一点,而且要使这种第一次的社会经验在儿童和少年的生活中保留一辈子。譬如说,一年级的女孩子玛娅跑来告诉我,维佳找了一根棍子,在草坪上乱打,而草坪里正开着许多花……她跑来找我并不是为了告维佳的状。假若我马上就处罚维佳,就会使玛娅处于为难的境地,使她的感情受到伤害。她来报告这件事,是为了证实真理。我首先应当表态的是:维佳的举动是坏行为。于是我们一起去找维佳,保护那些花。这在玛娅看来,是正义精神取得了胜利。同时,这也是一块磨刀石,让儿童对恶的不妥协的精神磨得更加锋利。千万注意,不要让儿童的思想和心灵接触到不正义的事情时抱着漠不关心的态度。这是迈上道德发展的更高境界的一个台阶。

我回想起很早以前发生的一件事。我跟孩子们在一次远足旅行的归途中,向邻村一位慈祥的老奶奶要点水喝。她邀请我们到果园里去,拿出苹果和烤土豆款待我们。我们向她表示了感谢,然后出发了。走了半公里多路的时候,我们突然想起:刚才在我们坐的地方,把一些烤土豆的皮丢在地上没有收拾。

"应当回去收拾……"上面提到的那个玛娅思忖着说。

"当然,应当回去,把一切收拾干净。"我立刻表示支持。孩子们成群地跟着我向回走,只有斯乔巴一个人没有动,他说:"我要坐在这儿歇一会儿……"但是,当他听到孩子们齐声愤怒地指责他的话时,他想休息一下的愿望就打消了。

我们应当让儿童在童年时代成百上千次地体验这种正义的思想取得胜利的心情,感到自己是这种胜利的参与者。只有儿童才善于对不良行为表示愤慨,就像我带的这些孩子对斯乔巴的偷懒和不顾别人利益的思想表示愤慨一样。如果已经到了少年时期,你再想激起他们对类似行为的愤慨,那就不会收到任何效果,因为已经错过了那个年龄期。

我们跟学生的家长们一起思考,认为我们的工作要为以后的许多年着想,我们要使孩子们理解和感觉到:世界上还有些卑劣的、丑恶的东西。

重要的是,要让年龄尚小的人不只是晓得"这种事是卑劣的、丑恶的"就够了,还要让他因为卑劣的、丑恶的事就在近旁,可是由于自己无能为力使这个世界变得更好而感到担忧、难受和痛苦。对于卑劣的、丑恶的东西的这种愤慨和厌恶,会渐渐地迁移,用来检查自己,这是一种极其微妙的转变,一个人对于美好事物的追求和对于丑恶事物的深恶痛绝的品质,在决定性的意义上取决于这种转变。

羞耻心是对于卑劣的、丑恶的东西的强有力的抗毒剂。形象地说,它是能浮载荣誉感、良心和自尊感的大船的深水。

从本质上说,只有发展羞耻心和对不知羞耻的不可容忍性这种细腻的情感,才能预防个性的消极性和动摇性,才能预防那种平常称之为

"风向哪边刮,就向哪边倒"的思想和作风。而这种"随风倒"的人,正是最容易变成违法犯罪者的那批人。

如果一个年轻的公民,没有早在他的童年时代就体验到对卑劣行为的蔑视和为别人的痛苦而分担忧愁,那就难以设想他会有成为一个好人的志向。

要造成一种对卑劣行为采取积极的不肯妥协的态度的气氛,首先要从反对懒惰、无所事事、涣散松懈、无谓地消磨时间开始做起。正如民间谚语教导我们的:懒惰是一切罪过之母。我坚定不移地深信,热爱劳动的教育是从书桌和书本后面开始的,这是一台主要的、最复杂的机床,要掌握它并不是那么简单的事。在学校里,教育技巧上的最主要、最难捉摸和最细致的一件事,就是做到使学生为自己的无所事事而感到羞愧,使他对懒惰和闲散抱着蔑视和憎恶的态度。我这里指的是脑力劳动的道德方面,是学校工作中那个极其复杂和困难的方面,这就是教育学生热爱学习的工作。我认为自己最重要的使命就是,在我所教育的学生的头脑里,哪怕有一点点在困难面前退却的想法,都是令人鄙视的:不做事情,不动脑筋是可耻的!

我认为教育的目的只有在这样的条件下才算达到了,就是对每一个(名副其实的每一个!)少年、青年来说,书籍、思想成为"一种不撕裂自己的心就不能从其中挣脱出来的枷锁"。一个人要成为具有劳动者、斗争者、未来的战士、未来的丈夫和父亲的意识的真正的人,他在十四五岁的年纪,就应当在自己灵魂的深处有一份丰富的精神宝藏,这就是他通宵达旦地读过的一二百本书,这些书对他来说就是精神的启示。

如果一个青年人不想求知,那就是最可怕的不幸,——也是家庭的不幸,学校的不幸,社会的不幸!一个人不想求知,他就好比用一道无形的铁栅栏把自己跟广阔的天地隔离开来,然而谁知后来这道无形的铁栅栏也许会变成真的牢狱呢!

我认为青少年的教育者的使命就在于,他要跟每一个少年和青年一起,构筑起他的精神生活的大厦。作为教育者来说,他的工作就不仅是跟学生在课堂上见面,而且应当是跟学生同一信仰的志同道合者(这个说法并没有什么可怕的!),相互倾慕,找到满足像马克思所说的人对人的需要的巨大幸福。

经常可以听到这样的话：培养对劳动的爱好……然而，如果教师没有把自己的学生（正在认识复杂的世界的少年）领进自己的私人藏书室，如果没有使他在你的精神财富的源泉面前惊异地停住脚步的话，那么用任何手段都是培养不出这种爱好的。如果教师没有跟自己的难以教育的、执拗任性的、有时候是复杂得不可理解的学生单独地在一起谈心，用你的思想完全使他折服的话，那么对劳动的爱好也是不可企及的。

那么，在学校里，在对青少年的教育中应当是主要的东西，也就是以一个人的心灵去精细地接触另一个人的心灵的工作，是否在经常地进行呢？

那些走上邪路的人，实际上是一些非常孤独的人，虽然他们周围既有年长的人，又有同年龄的人，虽然大家每天都在叮咛他们："不要这样！这是不容许的！"

我坚定地相信，学校，这首先是一个人与人相接触的世界。问题根本不在于指定谁去教育谁，——用不着这样来谈问题，这都是些无稽之谈。问题在于，就拿我来说，命运把我跟这些最生气蓬勃的、最复杂的，而在我看来也是最有意思的少年们永远地结合在一起了，他们进入了我的生活，成了我的生命的一部分：如果不是他们，那么我所知道的、所会的、所做的一切也就都不存在了。

很难找出这样的词语和形象，来向儿童解释清楚：什么是生与死，什么是自由与失去自由，——不仅要解释，而且要在每一个学生身上培养出对这些概念的有深刻个性的态度。我认为，道德教育的重要任务，就在于要使儿童深刻地懂得：生命既是一种强大有力、不可战胜的财富，同时也是一种脆弱的、往往是无助的、极易受到损伤的珍品。有时候，会出现这样的一些情况，只消一句冷酷无情的话，一个漠不关心的眼光，就足以扯断一根纤细的生命之线。

每当一个儿童刚刚跨进校门的时候，我首先关心的问题就是：他跟自己的亲人和经常接近的人们之间有着怎样的精神联系？只有在这样的条件下，就是儿童有了一种深刻的观念："有人非常、非常需要我，他们无限地珍爱我，感到有了我他们活着才有意义。但是我也非常、非常地珍爱他们，没有他们我就不能生活，他们对于我也是无限宝贵的。"——只有这样，才可能有正常的道德发展，才可能有爱、幸福和劳动的和谐,而一个人的道德健康正是取决于这种和谐的。可能这种观念还没有形成明确的思想,但是它已经充实着儿童的全部生活。儿童跟亲人特别是跟母亲的温暖而欢乐的精神交往,跟父母亲的贴心的亲近,——这也是义务感的源泉。犯罪行为产生的原因之一,就在于一个人对亲近的人对于他的关心采取根本漠不关心的态度。

一个人只有懂得了明智地限制自己的自由和愿望的时候,他才会珍惜生命和自由。这种明智是一种精细的教育工具。

我曾经教过一个任性的、胡闹的、一点也管束不住自己的男孩子罗曼。他会无缘无故地一会儿打这个同学,一会儿又把另一个女孩子的连衫裙故意弄脏。

有一天早晨上课前,小女孩廖霞哭着来找我,罗曼已经把她扎小辫子的丝带扯去了。我把罗曼找来,对他说:"你听着,罗曼,你的自由是一种野蛮人的行为,它会使你在生活中跌跤的。要是成年人干出这种事,人们就会剥夺他们的自由,把他们关进监牢。我们对你将采取另一种办法。把你的右手伸出来……"

他伸出了右手。我从口袋里掏出一根绷带,把他的手掌和手腕缠住,然后把他的手牢牢地捆在衣袋里,使他不能使用这只右手。

"罗曼,我们今天就这样生活,不使用右手。为了不使你一个人觉得孤单,让同学们把我的右手用同样的办法扎起来……"

孩子们照我给罗曼的做法一样,对我的右手做了同样的处置。罗曼惊奇地等待着,下面将会发生什么事。

我说:"好吧,现在我们就准备这样生活……让我们试一试,这样生活是不是轻松……"

一整天,我都跟罗曼在一起,在校园里,在花园里走,在教室里上课,一起吃饭……这孩子能够体会了:如果有一天真的失去了自由,生活将是一种什么滋味。后来,我又不得不给他上了几课,只是比较轻一些,没有那一次的严厉。罗曼终于学会了约束自己。

如果一个人在童年和少年时代,没有体验过这样一种高尚而英勇的心理状态,就是有时候应当和有必要放弃给自己预示着许多满足的那种愿望,那么就很难把他造就成人。

有一次,全班准备到树林里去旅行,那将给孩子们多少欢乐和满足啊!可是,在旅行的前夕,五年级学生彼嘉的奶奶病了。彼嘉的父亲准备送她去医院,他需要儿子的帮助。但是父亲又倾向于不让彼嘉去医院了;还是让孩子跟大家一起去休息一天吧。这时候,教师帮助彼嘉克服了想去旅行的愿望,因为这个愿望现在已经是不好的了,从而引导他走上高尚精神的道路。第二天,大家都没有到树林里去……

明智地和英勇地约束自己的愿望,——这是一根有力的指挥棒,在它的指挥下,可以创造出人的美的和谐。教师应该把这根指挥棒运用起来。

在学校里,不应当搞空洞词句和空洞思想。我想劝告教育工作者:要珍惜词句!当你要求儿童说出自己的思想的时候,要保持审慎而细心的态度。不要让那些儿童还不懂它们的意思的词句从儿童的口里说出来!不要让那些高尚而神圣的词句,特别是关于热爱祖国的话,变成磨光了的旧分币!真正的爱是不必声张的。应当教会儿童去爱,而不是教他们去谈论爱。应当教会儿童体验和珍藏自己的感情,而不是教他们寻找词句去诉说并不存在的感情。

不知羞耻是由不肯履行自己的诺言产生出来的。当儿童在精神上还没有准备,当他还没有足够的精神力量和坚定性的时候,你不要强迫儿童提出诺言。如果儿童自己提出什么诺言的时候,你要耐心地听,并且信任他,但是同时要提醒他:你要注意,如果自己没有信心去履行,那么提出诺言时就得慎重。要记住,经常地提保证和提诺言而又忘记了它们,这是一种坏习惯,它会使一个人的心灵变得麻木不仁,说了谎还不自知。

要让真理和信任在学校里(同样在家庭里)占据统治地位。要让在学校里所说出的每一句话都结出果实,而不是一朵空花……

教学、价值观与道德教育

◇[澳]科林·马什

价值观和道德教育在教学中的重要性在理论上已得到充分认识,然而在实践中,情况就完全不同了。在过去的几十年中,出现过各种模式,这些模式促进了教师和学生对价值的探讨和思索。其中的一部分

模式在 *20* 世纪 *80* 年代就销声匿迹了,而另一部分则一直广泛流传到现在。

一、价值观与教师

价值观与态度和人类行为的情感因素有关。我们的行为总是倾向于某些方式,据此可以看出,价值观是相对稳定的。许多因素会影响我们价值观的发展,其中包括家长、宗教、同辈群体、传媒和其他因素。

在教学过程中,教师难以避免用某种方式传授价值观。正如考克斯(Cox,*1994*)所指出,价值观的基本问题不是它们要不要教,而是怎样教最好。贝叶(Beyer,*1997*)也指出,教师是道德行为人,他们要么公开宣扬某种价值观,要么会对学生有潜移默化的影响。他们会向学生明确宣布"严禁考试作弊","不准打架、斗殴",用体态语言和非语言的方式向学生表达一些其他的价值观念,如守时、学术成就、行为方式等方面的。

赖安和库柏(Ryan,Cooper,*1998*)认为,当一个人成为教师的时候,他就失去了随心所欲的自由。从此以后,他们就会注重自己的道德行为,例如,他们可能会讽刺学生、怒斥学生,但同时又会有一个度,不会做得过火。甚至,我们期望教师在课堂中运用他们的"权利"对学生进行表扬,并能按照以下的价值标准行事:

(1)和学生建立并发展一种友好而又特殊的关系。

(2)能够体会学生的情感并从他们的角度考虑问题。

(3)课堂中出现道德争端时,要维护各方的权利。

(4)面临主要道德争端时,要有勇气和信心去面对。

(5)依靠有效的交流技巧去解决问题。

教师不会是价值中立的。这句话毫无意义,因为事实本是如此(Yost,*1997*)。教师始终需要考虑角色定位、存在方式等基本问题,比如:

(1)我的价值观是什么?

(2)这些价值观是怎样引导我行动的?

(3)我是谁?

(4)作为教师,我怎样解决自我价值冲突以及和他人的价值冲突?

(5)我认为哪些结果会得到奖赏?

（6）我认为哪些结果会受到惩罚？（Hamberger，Moore，*1997*；Hansen，*1993*）

罗海丝等人（Rolheiset et al，*1998*）关注的是教师带到课堂中的价值观，教师带给学校员工的价值观，以及教师带到本社区的价值观。他们使用"教育的公民性"（edLlcational citizenship）这一术语在课堂之外更广阔的范围来描述教师角色。为了在这个专业领域成为一个好公民，教师需要具有与他人进行小组合作的能力，参加校务管理的能力以及参与社区发展计划的能力。

二、价值观与学生

各种利益群体都突出了大量的价值观问题，并把它们放在学校教育的首要地位来传授给学生。例如，许多倡导者认为，学校要帮助学生理解这个变化的世界，从而使他们能把自己摆到一个更好的位置来适应将来的成人角色。而政府和社会群体进一步发展了这种观点，提出职业道德、高生产率和角色的特殊化等价值问题。

然而，另一些利益群体一直都更加强调学校中道德价值观的教学。他们列举了不断上升的青少年犯罪率，青春期学生缺乏道德水准等事实，并以此为理由指出道德教育要在学校课程中占据主要地位。实际上，这很可能已经成为学校课程的一个组成部分了，尽管它还没有表现出来。例如，普尔培尔和赖安（Purpel，Ryan，*1976*，*P9*）认为：

> 很难想象，儿童每天在学校待六到七个小时，每年在学校待 *180* 天，从 *6* 岁待到 *18* 岁，而他们对道德问题的思考方式和行为方式却丝毫不受影响……道德教育存在于学校的每个地方——教室、教员办公室、集会、体操馆……对于一个教育者来说，他走到哪里，哪里就有道德教育。

在教育领域里，各种术语被用于描述这种状况，如"道德教育""价值观教育""价值澄清""道德发展"等。

在美国，"价值观教育"已取得广泛支持，但这是作为一个口号来支持课程重建的，而不是由于看到了其重要性。"价值观教育"包括了多种层面的价值观,除"道德"外,还包括审美价值观,技术上的效率价值观。

只有一部分美国学者使用"道德教育"这个术语,如普尔培尔和赖安(Purpel,Ryan,1976)、汉森(Hannsen,1993)、莱明(Leming,1993)——然而,英国学者却广泛使用这个术语,如威尔逊(Wilson,1990)、赫斯特(Hirst,1974)、梅伊(May,1981),以及澳大利亚学者希尔(Hill,1991)、克里台德(Crittenden,1981)、布莱温特(Bulli vant,1973)等。

道德教育遭到了嘲讽,有人认为它"什么也没说清"(wilsolletal,1967,P11)。或许,事实就是如此。然而,大部分人都能达成这样的共识——道德教育一部分是道德规范(道德行为的理论)教育,另一部分是实际指导。换言之,道德教育"既要重视学生对道德问题的思考能力,又要重视他们的实际行为方式,其中包括正确的方式和错误的方式"(Purpel,Ryan,1976,P5)。

有的国家如英国,把道德教育单独设科,不遗余力地去教。不仅如此,有的还要通过大量间接的方法来教授道德,比如在澳大利亚,学校组织机构就采用某种特殊的模式,教材范围和内容也独具特色,学校还给学生提供诸如小组游戏这样的额外活动。

近几十年来,人们对价值观和道德教育的兴趣越来越浓了。部分原因是由于各种群体施加了压力,他们站在本群体的立场上提出要回归传统价值观,要"尊重道德权威,尊重正统,强调公正、礼貌、诚实、自由、正义的责任感,遵守法律条文和法律程序"(Nyqquist,1976,P272)。大众传媒、广告、城市化、工业化、移民以及其他诸多方面的发展造成了道德水平的下滑,这已经遭到了各种群体的指责(Lockwood,1986)。

但是,还有另一种可能,即当前的价值观和传统社会的价值观不相容,因此人们对道德水平下滑进行抨击。现在鼓励个人对传统价值观进行反思,合适的话,可以用一种新的价值观取而代之。当代社会财富增加的同时,失业现象也在恶化,这就给新教师的职业道德观提出了挑战,以致许多年轻人都在问这样的问题:为什么要工作?为什么要奋斗?

那种以经济为导向的思想体系直到今天还控制着学校科目设置和教学内容,而目前它正面临着质疑,因为社会就业前景和失业机会在发生着周期性的变化。当代技术发展的结果之一,是青年作出的选择也变得日趋复杂。举例来说,消费哪种产品或采用哪种健康计划,要对比多种选择的优缺点,而不仅仅是简单地根据诚实、正义这些绝对价值观来进行取舍。

因此,教育方案设计者陷入了一个困境。在我们的社会经历了一段时间的混乱以后,各利益群体都在施加压力,要求重塑社会的凝聚力、保持社会的稳定性。当我们迈进新千年的时候,那些传统价值观已经显得没有时代气息了。必须找到新的方向,在核心课程的某些方面,这已经引起了新的兴趣。同时,在道德教育的方法体系上,也需要找到新的方向。不管怎样,新的教学内容和方法体系必须反映多元价值和个人对生活的看法,这似乎已成为澳大利亚社会的一个必要组成部分。

三、对部分课程设计的批判性分析

多种课程设计已经应用于价值观和道德教育,这些课程设计主要涉及两种模式,一种是把素材融合到一门单独的科目中,通过学科课程来实现价值观和道德教育;另一种是把素材渗透到多学科中,通过教学过程来实现价值观和道德教育。就后者而言,在价值澄清、道德发展、价值分析等几种课程设计中可以作一个区分,看看哪些是已开发的,哪些是近年来广泛应用的。

1. 作为学校课程中独立开设科目的价值观与道德教育

在澳大利亚教育体系中,有一类学校与宗教有着密切的关系,这类学校把道德教育作为宗教课或宗教学习的一部分,进行直接教学。除此之外,把道德教育单独设科进行教学的学校在澳大利亚并不多见。结果,道德教育更多的是通过多种学科的融合进行教学的,在社会与环境研究、家政、健康教育、英语及历史课中,这种现象尤为突出。当然,在英语和英国文学中,文学家和诗人们提出了许许多多道德争端和道德两难的问题,这引起了教师的探究。家政着重于对学生进行消费教育,帮助学生选择家庭角色,培养他们的家庭责任感,但这也引出了对其自身的许多价值问题的探讨。在澳大利亚的学校中,社会和环境研究课是进行价值观教育的理想科目,涉及大量的价值问题,这门课中可用的素材范围非常广,而科目的内在特点也很适合进行价值观教育。

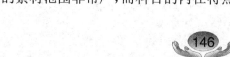

在其他西方国家，尤其是在英国，尽管"*1988 年国家课程*"的引入使得学校减少了个人与社会教育课的教学，但课程融合的道德教育仍然得到很大的支持，传统教学科目对价值观教育的排斥现象已引起了重视。《*1992 年教育法案*》提出，要提供条件"使学生获得心灵、道德和教养上的发展"（Haydon，*1998*）。

教育督导虽然要视察学校，对其做法作出判断，但从目前情况明显可以看出，这对学校价值观教学没有起到什么指导作用（Cairns，*J998*；Haydon，*1998*）。

2. 重视过程的跨课程价值观教育

教学体系包含具体而又普遍的价值观，这在美国课程计划中是很常见的。例如《哈佛方案》（Harvard Project）强调了自尊、同情、爱心、正义的价值观（OliveI，Newillann，*1967*；Shaver，*1985*）。不管怎样，美国近年来的主要著作都聚焦于"对过程及一般方法论的注重"，这些都是贴近课堂的。教育者为价值澄清和道德发展设计了大量实用性练习和理论方法，而价值澄清和道德发展等方法既可以用来开展短期的道德教育活动，也可以用来开展长期的道德教育活动，这在大量不同的科目设置中都是可行的。

哈什曼、格雷和韦勒（Harshman，Gray，*1983*；wynne，*1986*）认为，这些方法存在着一些共同点：

• 目的是发展决策技能。

• 决策内容是针对问题情境的。

• 价值情境中推理能力的发展会影响人的行为。

• 教师有责任创设一种课堂环境，使学生进行价值交流而又不受到教师的评价。

• 学生的价值判断倾向不作为对其评价的依据，也不与学习成绩挂钩。

开发者认为，对于任何直接的价值观教学而言，这些就足以让其完善了。当然，不管教师有没有意识到，任何课堂中都存在着价值观教育（Hansen，*1993*）。教师在课堂中的行为，尤其是他（或她）的语言，会对学生发生某种作用，这种作用既可能是正面的，也可能是负面的，并对学生的行为产生重要的影响。学生也会对每个教师的角色进行辨别。

课堂教学的有效程度取决于师生关系,同时也要考虑大众传媒(尤其是电视)、同辈群体、家庭、宗教等外部因素造成的影响。现在人们已经意识到这些外部因素的影响是强有力的,教育者也因此着手开发新的教学方法,这对他们来说是一个挑战,因为他们要避免进行那种布道似的道德说教。

3. 价值澄清法

由拉思斯等人(Raths et al, 1966)设计的价值澄清法,受到了美国和其他西方国家广大教师的青睐(Leming, 1993)。价值澄清法运用了卡尔·罗杰斯的非指导性心理疗法。具体来说,学生要检查自我行为模式,他们通过一系列过程和做法来表达自己的情感,这些做法需要得到公众的肯定。拉思斯等人提倡的过程包括以下步骤(尽管它并不是一套僵硬的按部就班的程序):

(1)对对象的选择——帮助学生发现、辨别和选择对象。

(2)选择的仔细度——帮助学生对可选对象进行慎重的比较。

(3)选择的自由度——鼓励学生进行自由的选择。

(4)珍视个人选择——鼓励学生坚持自己的选择并加以珍视。

(5)肯定个人选择——提供机会让学生的选择为公众所接受。

(6)行为与选择的一致性——鼓励学生活动、行为和生活要与自己的选择相一致。

(7)保持一致,长期坚持——帮助学生依据自己选择的结果建立长期行为模式。

这些步骤实际上包含在许多简单练习和简易活动中,而这正是教师感兴趣的地方。拉思斯等人(Raths et al, 1966)是要开发一些新的、和以往不同的活动,包括使用分等制度、强迫选择;分别提供假设的、创设的和真实的困难处境;感受能力和听力技巧;诗歌、艺术;游戏和模仿;采访公众、选取价值观;等等。表1是价值澄清法的一个例子。

用一个句子或一段话把下列表述补充完整。若没有答案就写"空白",若不愿透露就写"放弃"。

表1　价值澄清练习

1. 为了＿＿＿＿＿＿＿＿＿我愿意放弃生命。

2. 为了＿＿＿＿＿＿＿＿＿我愿意去斗争。

3. 为了＿＿＿＿＿＿＿＿＿我愿意据理力争。

4. 为了＿＿＿＿＿＿＿＿＿我愿意默守岗位。

5. 我只愿把我的信仰＿＿＿＿＿＿＿＿＿和我的朋友分享。

6. 我只愿把我的信仰＿＿＿＿＿＿＿＿＿告诉任何人。

　　尽管价值澄清法的提出者强调的是价值过程本身,但这一方法还是建立了一套自己的价值观,并在现实中发生着作用,从这一点上来说,它在提供"过程"的同时也提供了"内容"。普尔培尔和赖安(Purpel, Ryan, 1976, P122)对此提出了批评:

　　很明显,价值澄清重视思考、重视情感、重视选择、重视交流、重视行动。而且,它重视用什么样的风格去思考、感觉、选择、交流和从容地行动。先考虑后果再选择比草率的、毫无思考的选择要好。自由选择比简单地屈服权威或屈服来自同辈的压力要好。

　　其他各种批评也指向价值澄清法,因为它强调对学生采取强迫的方式,而且它依赖一些还有待商榷的做法,例如,学生必须公开地肯定他们的立场。霍尔(Hall, 1973)认为,那些性格孤僻的学生常常是迫于外在的压力才参与到价值澄清练习中去的。另一个问题是,在正规课堂形式中,为了尊重隐私,有些个人信息是无法显露出来的,而在非正规的伙伴关系的情境中,这些信息却往往会显露出来。

　　斯则瑞·雷斯科(Szorenyi Reischl, 1981)也对这种方式提出了批评,因为它没能从更广泛的视角出发,去考察某些道德问题背后隐藏的社会动因,而且,它对个体问题所做的分析不具有广泛真实的代表性,尽管这种分析能够找到某些特定学生的问题、促进他们的发展。弗兰科尔(Fraenkel, 1977)在谈到价值澄清练习时也提出了批评意见,他说这些练习的用意是要帮助学生明了个人自我的观点。谢里丹(Sheridan, 1985)在《澳大利亚人》报(Australian)中发表了一系列煽动性的论文,大肆攻击教师的道德价值观、教师不熟练的教学和价值澄清法的运用,而且还给价值澄清法冠以"道德自我中心主义（我和我的情感）"。

其他人，如凯瑟培兹和帕斯克（Kazepides, 1977; paske, 1986）批判了价值澄清法简单的相对主义。价值观是没有等级而言的，一种价值观与另一种价值观没有孰优孰劣的问题。价值澄清法从相对主义观点出发，忽视了社会的历史文化基础，而在我们这个社会中，价值观并不全是相对的。

不管怎么样，就道德教育而言，价值澄清法不能全盘否定，因为它是吸引学生的一个强有力的工具。它似乎对学生有一种治疗作用，因为它能使学生区分他们自己的个性化的信仰，同时又不会受到教师的影响，这种影响主要来自说教的教学方式。价值澄清法受到美国和加拿大一些教师的青睐。在澳大利亚学校的课程素材中，也可以看到价值澄清法的例子，在社会与环境、技术、健康与体育等学习领域中，这些例子尤为突出。

4. 道德发展法

另一种方法也得到了研究者和教师的支持，这就是所谓的"道德发展论"或"道德判断论"。它们推崇思考和推理判断，因为这种方式的倡导者认为，价值观是一种认知的、道德的信仰，或者说是一种概念。哈佛大学的劳伦斯·科尔伯格（Lawrence Kohlberg）是该领域的代表人物，他把道德发展划分为六个阶段（详见第2章）。

科尔伯格（Kohlberg, 1975.P670—P671）认为，每个个体都是一个积极的发起者，与他（或她）所处的环境发生着积极的反应。他认为每个人都要经历这些阶段，虽然他也很小心地指出，有的人发展得快，有的人发展得慢，而且只有一小部分人（约为20％）会达到第六阶段。据说，这种方式的亮点在于它强调一种"自然"的结果，儿童顺着自己的方向发展，教师只是起着一种简单的指导作用，这种指导也只是偶尔的和冷漠的。

儿童的道德结构是这样的，首先，他（或她）经历一个"前道德阶段"，在这个阶段，儿童自身的生理发展水平支配其行为（根据奖赏或惩罚）。科尔伯格把这称为前常规水平，处在该水平的儿童作出某种行为时，不是考虑他的行为是否符合社会要求，而是考虑是否值得这么做。儿童要是没有考虑到这一点，那就是因为他的生理发展水平不够！到了常规水平,儿童已经能够主动去遵守社会法律、迎合社会的期望了。最后两个阶段被归结到后常规水平,如果个体达到这两个阶段,那么他就发展到了一种个体明确的道德自治状态。科尔伯格认为,最后一个阶段是道德发展的最高阶段,就道德而言,它比低水平的道德判断要好(Kohlberg, *1975*, P673)。个体只有发展到最高阶段,才能用完整的、系统化的结构去组织信息,作出道德判断。

按照这种方法,出台了许多配套教学,其中包括为初等学校学生制定的《社会研究课程》(Holt Social studies Curriculum, *1975*)、《首要之事:社会理性》(First Things: Social Reasoning, *1974*)、《首要之事:价值观》(First Things: Values, *1972*)。

在中等学校,一大批倡导者都提出了建议,例如贝叶(Beyer, *1976*)就认为教学应包括这样一些过程:

(*1*)呈现困难情境。

(a)引入困难情境。

(b)明确可用条件。

(c)说明困境特征。

(d)如果允许的话,把学生分成小组。

(*2*)定位。

(a)帮助学生建立个人观点。

(b)帮助学生找到支持该观点的理由。

(c)如有必要,采用探究性问题和角色扮演。

(*3*)班级讨论。

(a)重新把小组合成大班。

(b)鼓励各个小组报告。

(*4*)结束讨论。

(a)总结不同的观点。

(b)让学生作最终的选择。

相似的教学过程可以用于初等学校的教学,只是学生可能需要更多的帮助才能进入讨论,而他们在小组学习的时候也离不开一些特殊的辅助。要想把儿童引入困难情境,可以通过一系列过渡性的问题,使他们逐渐进入。小学生很容易感受到直观性刺激,因此,使用多媒体图像可以加速展现某一特定的困难情境。解决困难情境可以有多种选择，只有在这些选择得到充分讨论后，才能进行班级分组。即使分了组，每个小组也需要具体的指导才能明确自己的任务。

培拉尔斯基（Perarsky, 1980）对这种方式提出了批评，因为它依赖对可确认的困难情境的使用。他指出，在现实生活中，值得去谈的道德问题往往被隐藏了起来，哪怕只是意识到它们的存在，也要具有相当的技能和敏感性。哈安等人（Haan et al, 1985）和斯科特（Scott, 1985）在谈到下面的问题时，也持相似的观点。他们认为，对于学生而言，要关注的是道德的实践性，而这需要道德的交互作用——即个体之间要进行道德对话和道德磋商。

与教学法有牵连的道德发展法的某些禁区如今也开始引起关注。莱斯特（Rest, 1975）和弗兰科尔（Fraenkel, 1976）认为，教学过程虽然包含了道德两难问题，但它与课程是否相称、课程怎样编排才是最合理的等问题，并没有得到足够的关注。一些两难问题在特定的年龄阶段就一定更加有效吗？或许，有些两难问题可以建立在以前的两难问题的基础上。他们建议，两难问题应该有序排列，从简单到复杂，从具体到抽象，从易到难。

教师如何使用道德两难问题也遭到了批评。是两难问题本身把我们带到不同的发展阶段吗？（Fraenkel, 1976）对于低龄儿童尤其是小学儿童来说，道德两难问题仅仅是太难了吗？为了促进学生道德发展，教师必须对各种模式和策略进行处理，而不是只局限于单一的方式。

无论如何，现在鼓励那种运用道德发展法的经验主义课堂研究。莱明（Lenfing, 1981, P160）对59个经验主义研究的原评价得出的结论是，实验组有明显的进步（只要使用这种方式16～32周，班级道德发展水平就会增长1/7～2/3个阶段）。斯科拉费等人（Schlaefi et al, 1985）对使用科尔伯格经典问题测验的55个研究进行了原评价，得出的结论是，道德发展法确实对道德发展有适当的促进作用，这种促进作用在成人阶段更加明显。

5. 价值分析法

许多教育家，如班克斯（Banks, 1973）、弗兰科尔（Fraelakel, 1977）、汤姆林森和奎冈顿（Tomlinson, Quinton, 1986）、莱珉（Lemin, 1994）、阿

姆德森（Amundsot,*1991*）等人提倡在课堂中甚少讨论价值争端时,要使用价值分析法。这种方法依赖逻辑思维和科学研究来解决重要的价值争端,鼓励学生运用推理、分析的方法讨论价值问题,进而使观点之间建立联系,走向概念化。其过程包括:

（1）学生确认争端或描述问题。

（2）学生明确问题解决的多种方案或识别解决争端的不同视角。

（3）学生要对每一种方案可能出现的结果进行假设并收集有关数据。

（4）学生作出决定。

（5）学生证明自己的决定。（Hahn,Avery,*1985*,P48）

弗兰科尔（Fraelakel,*1977*）的价值分析法,尤其是他的纳入式的、有组织的、有说服力的、有表现力的序列,已在澳大利亚教师的课程文件中得到了广泛的传播。在价值分析中,尽管弗氏暗示了对逻辑思维形式的偏爱,但对于在经验中获得的道德,他也大加赞美,这些经验主要来自模拟游戏、价值评论、歌唱、诗歌、摄影等。

哈恩和艾弗里（Hahn,Avery,*1985*）等批评家指出,价值分析法很难被教师采用,除非他们受过充分的培训。他们还指出,不是所有的学生都有动机和能力去使用这种方式。然而,艾曼（Ellinan,*1977*）等研究者解释说,这种方式可以使学生受益匪浅。

四、价值观与国家课程纲要

在 *1986* ～ *1993* 年期间,各州和地区协同制定了许多非指令性的政策,颁布了一系列报告,以期建立课程计划的框架。其重点放在八大学习领域基本原理和技能的教学上,这些原理和技能是按照八个学习水平合理有序地编排的。虽然基本原理连续的发展阶段本身并不包含具体的价值观,但是从上面的讨论中可以看出,教师教学不可能不涉及价值问题。

各州的研究协会根据国家课程纲要制定出了适合本州的文件,其中大部分文件都有专门篇幅论及价值观问题。例如,西澳大利亚州课程委员会制定的文件,其中有一部分是关于核心的共同价值观的,包括:

（1）追求知识,发挥潜能。

（2）自我认同，有自尊。

（3）尊重、关心他人，尊重别人的权利。

（4）社会和公民职责。

（5）环境意识。

大多数州和地区都在执行初版的或修订版的国家课程纲要。在许多学习领域中，都有对价值的详细描述。例如，《社会与环境研究课程说明》确定了三种共同价值观，分别是"民主进程""社会公正"和"生态的可持续性"，要求教师在"社会与环境研究"学习领域以这些价值观为标准去选择教学内容，展开教学。

《数学课程说明》中提到的态度与价值观有："愿意并且有能力与人合作，能够对他人的贡献作出评价"，"对于直觉洞察到的东西给予精确的证明也很重要"。

《科学课程说明》（Curriculum Corporation，1994，P5）极力主张教师"支持这样的态度和价值观，如对新思想持开放的态度，在学术上要诚实，崇尚科学推理，为目标而奋斗，尊重事实，敢于证实已有的理论或对它提出质疑并执著地去追求真理"。

五、公民课与公民教育

当今，在澳大利亚和许多其他国家，如美国、英国、日本等，公民教育问题已经提上政府的议事日程了。与社会和公民责任有关的价值观，在国家政策中也已经有所体现，因此，也许有人会问，为什么公民课会有如此高的地位？也许下面列举的理由可以解释：

（1）对学生的调查表明，他们对澳大利亚政府系统知之甚少。

全球发展的趋势（如沟通技巧）要求公民意识到，他们在澳大利亚未来的发展中扮演什么角色。

（2）迈进了新千年的澳大利亚正朝着民主共和国的方向发展。

公民课与公民教育是一个有趣的案例、学习的例子，这是一套关于理解力和价值观的东西，可以把它纳入到学校课程中。正如肯尼迪（Kennedy，1997）所言，主要有两种可能：

（3）把它设置成一个单独的科目。

（4）把它嵌入到已有的科目中，尤其是社会与环境研究课程。

大量的基金已投入到公民课和公民教育中,课程协会承担一个四年计划的制定,在 *1997～2000* 年开发出"民主学校素材挖掘计划"中的教学单元。这些教学单元包括下面一些具体的价值观念:

（1）容忍。

（2）认同多元文化。

（3）尊重他人。

（4）言论自由,宗教活动自由,集会自由。

设计的学习材料要能激发学生的兴趣,调动他们积极参与。在澳大利亚,不管是政府办的中小学,还是民办的中小学,都有"民主探索系列工具",其中包括四个单元的教学用书、录像、海报、卡片以及两张光盘。为解决师资问题,*1998* 年各州和地区都实施了教师专业发展计划。肯尼迪（Kenndy, *1997, P80*）指出,这是一项伟大的计划:"它关系到共同的价值观,关系到未来共同的前景……这是澳大利亚今日之教育所面临的最大挑战,因为它涉及作为一个民族,澳大利亚人是怎样的;作为一个社会,澳大利亚又将以何等面目出现。"然而,还有许多难题要解决——对非母语英语课程（ESI.）和本地学生的问题没有给予足够的重视,这是可见的困难之一;教师职前培训做得不够;执行时间表时也显得有点仓促（zbar, *1998*）。

教是为了不教

课堂教学是教学的基本形式,而教学的本质是教与学的对立统一关系。

不少老师在备课过程中备教学的方法多,备学生的学习方法少。老师注意到自身要有良好的语言表达能力（语言应简明扼要、准确、生动等）,注意到实验操作应规范、熟练,注意到文字的表达（板书编写有序、图示清晰、工整等）,也注意对学生的组织管理,但对学生的学考虑不够。从根本意义上看,教师教的目的就是为了学生学! 著名的教育家陶行知先生说:"教的法子要根据学的法子",因此对学生学习方法的探讨极为重要。科学的学习方法,能提高学习效率,能使学生的智慧得到充分发挥,能把知识转化为能力,而拙劣的学习方法（死记硬背）学习效率低,学生的智慧得不到发挥。老师的备课要探讨学生如何学,要根据不同年级的学生指导如何进行预习、听课、记笔记、做实验、做复习、做作业等，要考虑到观察能力、想象能力、思维能力、推理能力及总结归纳能力的培养。一位老师教学水平的高低，不仅仅表现他对知识的传授，更主要表现在他对学生学习能力的培养。

很显然，在教学过程中，教与学是互为对象和前提的。现代教学严格区别于传统教学的最大特点是：教法与学法的统一。教师无论是对教法的选择和运用，还是对学法的指导与实践，无不贯穿着这种统一。两者要相辅相成，相得益彰。就像叶圣陶先生所说的"教是为了不需要教"。这里"教"是前提，"不教"是目的；要想达到"不需要教"，必须先教，教师教的过程既要传授知识又要教给方法，特别是方法的传授更为重要。教师要将自己的教学方法变成学生的学习方法，才能将二者统一起来。

教法和学法的统一，是现代教学方法区别于传统方法的最大特点，无论是学法的指导实践，还是教法的选择和运用，均需寓学法于教法之中。

教法和学法的统一，提示了教学过程的特殊运动规律，不仅反映了教法有其自身的特色，渗透着学法指导的因素；学生正确的学习方法的形成与教师的教学方法密不可分。

教法和学法的统一，表明了现代语文教学观念的更新，反映了教与学的辩证关系，它将不断推动教学方法系统的完善与发展，促进学生素质的全面提高。

教学方法的发展，首先应注意继承，继承是事物发展阶段性和连续性的联结细节，它客观存在于语文教学方法历史发展全部进程中，没有继承，便没有发展和创造。教学方法的形成和发展，是随着教育的产生和发展逐步形成和完善的，是在此前的教育教学基础上逐步丰富的，因此教学方法的选用，尤需重视继承，在批判的继承中严格选择，不能丢弃传统的精华。

创新是教学方法最重要的特征，闪烁着人类智慧的光芒。每一种教学方法都是在个体或群体的创造中发现出来的。人类智力的开发离不开创造，教学方法的创新又赋予了智力开发以新的形式。教学方法的选择和运用重在继承，贵在创新。我们在重视继承传统教学方法的同时,要善于学习中外先进的教育理论,注意创新。

处理好上述两种关系,并不等于适应素质教育所需要的教学方法就自然产生了,它还需要经过许许多多教育工作者的教学实践和理论探索。随着教学改革的深入,随着素质教育的普遍开展,一种集广大教师智慧之光的适应素质教育的教学方法体系一定会诞生。

优化教学方法

教师要想提高教学质量,必须上好课,让学生生动、活泼、主动地进行学习。教师应从实际出发,创造性地综合采用教学方法。下面我们以语文课为例,谈谈怎样优化教学方法,激发学生的学习兴趣。

一、激发兴趣

心理学研究表明:兴趣是学习的动力。有了学习的兴趣,就能产生积极的学习情趣,学生的学习才是主动的,积极的,热烈的。反之,学生没有学习兴趣,学习将成为一种沉重的负担,课堂教学也就缺乏生气,变得机械沉闷。

例如要使学生对语文这门学科产生兴趣,作为一名语文教师,首先要对自己的教学一往情深,教师的语言神态要充满浓厚的情趣。其次要按不同的教学内容,优化教学方法,精心安排,设置情景,把学生的兴趣迅速转移到学习上来,使学生产生高昂情绪和精神振奋的心理状态,情不自禁地进入到教学之中。下面这位语文老师的做法值得借鉴:

《桂林山水》这篇课文写的是南疆景色,山水相映,别具风格。因我又有荡舟漓江,观赏桂林山水的真切感受,所以讲这篇课文时,格外感到亲切。桂林山水奇异动人的景色再现眼前,我为祖国有这样清秀、奇异、幽静、美丽的胜景而感到自豪。我由衷赞叹它的激情早已抑制不住。于是,教学一开始,我利用录像再现了桂林山水的奇特风光,让学生仿佛置身于那如诗的连绵画卷之中。随着画面的移动,学生个个翘首凝视,不约而同地发出惊叹,赞美之情由然而生。学生一下子被吸引住了,带着对"美"的向往进入了课文情景。接着,我又配乐给学生进行了欢快、激奋地范读。学生个个跃跃欲试,都想为大家读一读课文,来表达自己对祖国山河的热爱。

讲这篇课文时,我重点抓了按板书顺序练背,学习作者优美的言辞和严密的写作结构。

对比:大海、西湖却(突出)

漓江水景特点:静、清、绿真(强调)

感受:激起微波、船进岸移

对比:泰山、香山却(突出)

桂林山姿奇(气势)真(强调)

特点:秀(色彩)

险(形状)

山环绕水、水倒映山(奇)

赞美奇景雾、树、花、船、筏(美)

"舟行碧波上,人在画中游"(观)

学生读得朗朗上口,句句有情,借用了板书,只用了两课时,全班同学就都会背诵全文了。

学生告诉我:读了这篇课文,他们好像真的来到了桂林,荡舟在漓江,有身临其境之感。有机会,一定要亲眼看一看桂林那奇异迷人的风光。

我用录像、音乐、语言的渲染,营造了课堂的教学情景,激发了学生的学习兴趣,激活了学生的思维。

二、以情动情

同样我们还是选择以语文这门课程来作为示范,语文教材大多文质兼美,作者将他们丰富而深厚的感情流于笔端,凝聚在字里行间。因此,语文课堂教学必须要以"情感"为动力,才能达到预想的效果。例如:

《再见了,亲人》这篇课文,具体叙述了中国人民志愿军回国,向朝鲜人民话别时的情景,赞扬了中朝人民用鲜血凝成的深厚友谊。文章充满着浓厚的感情色彩,使人读了很亲切,很受感动,是一篇对学生进行爱国主义和国际主义教育的好教材。

在讲解这篇文章时,凭借文章内容,寻找情感激发的最佳点。以读悟情,以情动情。文章三段的开头、结尾,在写法上都有一个共同点:每段的总起句都是感叹句,每段最后又都以反问句作结,因此在示范读开头时,如说话一般,又亲切又让人感动,让学生细细品味文中的感情。以自己的真情,让学生体会到朝鲜人民热爱中国人民志愿军的真情。范读文章的结尾时,教师要满怀激情,进一步加强语气,强烈抒发中朝人民患难与共,生死共存的战斗友谊。学生被这离别动人的场面感动了,纷纷举手发言:"我们虽然没有见到这场面,但我们可以想象出这场面一定和我国抗洪救灾时,解放军与当地灾民依依惜别、难舍难分的场面一个样。"接下来结束后可指导学生反复诵读课文中感人至深的句子,激发学生热爱中国人民志愿军,热爱朝鲜人民的思想感情,塑造了学生美好的心灵,产生了与作者心灵上的共鸣。让这一感人的场景永远铭刻在学生心中。

三、讲练结合

突出语言文字的训练是落实语文素质目标的关键。通过多种形式的语言训练,促进学生积极地动脑、动口、动手。每一堂课都保证有足够多的时间进行听、说、读、写的训练。

以《深山风雪路》一文为例,在教学中,我抓住重点段以分析人物语言、动作、心理活动,来体会人物的思想感情,概括文章中心思想这一特点。通过教师导读,学生试读,分角色朗读等多种形式,来品味文中之道,悟出邮递员老吕是一个对工作任劳任怨,不计较个人得失,具有无私奉献精神的人。学生通过反复朗读,不但加深了对课文的理解,而且情感得到了升华,达到了"文道"统一的教学目的。在进行了读、说的基础上,组织学生进行练笔,要求学生仿照课文的写法,写一段对话。学生练笔的效果不错,学生之间进行了交流,老师进行了点评。学生深深感受到了语言文字的魅力。

四、合作学习

自古以来就有学者提倡合作学习。孔子曰:"独学而无友,则孤陋而寡闻。"又曰:"三人行,必有我师焉。"教学是师生全方位交往的生命碰撞过程,既有师生间的互动,更有学生间的互动。这里的学生互动,既有行为互动,也有思维互动;既有知识交流,也有情感的交流与合作。教师要营造平等、和谐的生生互动活动,要培养他们之间健康的互动情感:对学习成功者的赞许,对学习困难者的帮助,对学习暂时失败者的友善,使他们在互动中竞争,在互动中发展。生生互动提供了更多的主动参与机会,有利于学生主动性和创造性的发展。因此,在教学中鼓励学生参与到小组合作学习当中去,在小组合作学习中,每个学生都有平等的机会在各自的小组中讨论并解答问题。小组合作的生生互动由传统班级教学中单纯的旁观者,转变为活动的积极参与者,同时培养学生能倾听别人的意见,能对别人的意见作出评价的能力,并且能通过集思广益形成自己的观点。小组合作学习也为学生提供了练习口头表达能力的机会,学会用清晰的语言阐述自己的观点。

在教学《忆铁人》一课时,为了让学生真实感受到铁人关心群众生活,知错就改、严以律己的高尚品质,教师应让他们充分发挥小组合作的精神。在合作之前,教师应先提出以下要求:①用不同的符号分别划出写铁人语言、行动和神态的语句。②联系上下文体会铁人当时心里是怎么想的? ③从这句话中,可以看出铁人是怎样的人?学生围绕这几个问题,以四人小组的形式展开了合作学习。大家在组内充分讨论,各抒己见,形成了小组意见。在汇报学习情况时,每个人都参与汇报,其他小组认真倾听别的小组的发言,同时发表自己小组不同的见解。这样的自主学习,这样的小组合作,使学生的积极性及灵感得到充分的发挥,进射出创造性的火花。

五、鼓励学生大胆质疑

"疑"是创新学习课堂的主轴承。新课标明确指出:对课文的内容,能提出自己的看法和疑问。但质疑不能只停留在形式上,要引导学生确实有疑而质,使质疑真正成为学生自主学习的重要途径。

如在教学《草船借箭》一课时,教师可鼓励学生就课文内容大胆质疑。学生们都知道诸葛亮机智过人,但他明知周瑜在陷害他,却还是答应三天交箭。大家都疑问重重。有个学生说:"诸葛亮明知周瑜的险恶用心,为什么不加揭穿,不婉言拒绝,反而愿意立军令状,在三天内完成任务呢?"由此,班级里就此问题进行了集体讨论。在讨论过程中,教师为学生分析了当时的背景以及诸葛亮的聪明才智。最后,大家终于在讨论中深入了解了课文内容:①诸葛亮是为了联吴抗曹来到东吴的,为了顾全大局,他愿意这样做;②诸葛亮知天文、地理,知道三天后有浓雾,可利用这一机会向曹操"借箭",已胸有成竹。

教师优化了教学方法,课上争取了时间,课下减轻了学生的课业负担,提高了教学质量。就会受到了学生和家长的好评。

教师在优化教学方法方面还要很好地把握面向全体和因材施教的关系,特别要保护学习上的弱势群体,要让每一层次的学生在他们原有的基础上都得到发展,让更多的学生体验到成功的快乐,因而教师在教学中可以采用不同的教学方法,从而唤起他们的自信心。总之,在漫漫的课改之路上,我们要不断优化教学方法,提高教学质量,培养出高素质的人才。

师 说

◇韩愈

古之学者必有师。师者,所以传道受业解惑也。人非生而知之者,孰能无惑?惑而不从师,其为惑也,终不解矣。生乎吾前,其闻道也固先乎吾,吾从而师之;生乎吾后,其闻道也亦先乎吾,吾从而师之。吾师道也,夫庸知其年之先后生于吾乎?是故无贵无贱,无长无少,道之所存,师之所存也。

嗟乎!师道之不传也久矣!欲人之无惑也难矣!古之圣人,其出人也远矣,犹且从师而问焉;今之众人,其下圣人也亦远矣,而耻学于师。是故圣益圣,愚益愚。圣人之所以为圣,愚人之所以为愚,其皆出于此乎?爱其子,择师而教之;于其身也,则耻师焉,惑矣。彼童子之师,授之书而习其句读者,非吾所谓传其道解其惑者也。句读之不知,惑之不解,或师焉,或不焉,小学而大遗,吾未见其明也。巫医乐师百工之人,不耻相师。士大夫之族,曰师曰弟子云者,则群聚而笑之。问之,则曰:"彼与彼年相若也,道相似也,位卑则足羞,官盛则近谀。"呜呼!师道之不复,可知矣!巫医乐师百工之人,君子不齿,今其智乃反不能及,其可怪也欤!

圣人无常师,孔子师郯子、苌弘、师襄、老聃。郯子之徒,其贤不及孔子。孔子曰:三人行,则必有我师。是故弟子不必不如师,师不必贤于弟子,闻道有先后,术业有专攻,如是而已。

李氏子蟠,年十七,好古文,六艺经传皆通习之,不拘于时,学于余。余嘉其能行古道,作《师说》以贻之。

广 师 说

◇郑晓沧

昔昌黎韩氏作师说一篇,首提纲领,曰:"师者,所以传道受业解惑也。"继复引申其说,一则曰:"无贵无贱,无长无少,道之所存,师之所存也。"再则曰:"闻道有先后,术业有专攻,如是而已。"自韩氏至于今,又千有余年矣。今日我国自小学以至大学,专以教师之事为其职业之所在者,奚止十余万人。每年六月六日,且有"教师节"之举行,渐为定制,今岁教师节又届,爰就管见所知"师"之涵义,一陈崖略,又本韩氏之说而广之,聊供同道之考镜焉。

溯字原,古者二千五百人为师,师者,众也。引申之,凡能率众能牧民者,亦谓之师。师者,长也,谓能领导众人者也。百兽之长今作狮,古昔则作师,故旧唐书尚有"五方师子舞"之纪载。菩萨也作师子,为其具有宏愿与伟力故,是以佛座概称"师子座",依此则教师者,固当铮铮校校,而具有导引之本领者。学记篇有云:"能为师然后能为长,能为长然后能为君。"英国萧伯纳所谓"唯不能者则教",诚厚诬之辞矣!

又礼记:"出则有师,师也者,教之以事而喻诸德者也。"按此殆与古希腊为世家子弟作管领之"沛达高格"(Pedegogue)相似,(其后"沛达高格"即教师之通称,而教育学术亦便称)其责固不在"授之书而习其句读",此则殆为"外传"之事。即所谓传者,亦多"辅相"之义。今之所谓"教师",则且兼"师、保、传"等之涵义,于其所领导涵育之未成年人,实兼负教养之责任,而其所教也不仅为知识之一端,更不在零星知识之灌输而已。英美新兴之培育院既着重于健康之增进,美之中学与大学,一二十年来盛注意于所谓"指导"工作之推行,(包括一切生活上,以及预为毕业后教育与职业选择途径之事)均足见教师事业与其职分之扩展,其范域之广大与其事业之精深,固远非"教书匠"所能梦见矣。

韩文公所称"师者,所以传道受业解惑也",今试诠解之。所谓"传

162

道"者，如不照传统的解释，而依于当代教育学之名词，则应同于"社会遗传之递与"。社会遗传，自是包括先民思想与行谊上之精华而言，换言之，即人类生活上所经认为有利益与有价值之技术知识理想等而言。教师固不当迷恋过去而当着眼于现在与将来，其对象为活泼泼的人类与其多方面的生活，其旨要在有以启发智慧，养成适应现社会之善良习惯与理想，然其所用之材料，则必为已历人类经验所簸扬所滤净之各种有效的生活模型或行为方式。换言之，非有资于人类社会过去（自亦包括"并代"中之过去）之聪明与其他之成就不可。今有人也，以为吾人可无假乎先民所留贻于子孙文化上之遗产，（包括饮食，服御，居处，器用，典章，文物）则其人之必为妄人也无疑！教师既有资于文化上之遗产，（社会的遗传）则除知识而外，其修养之所表见者，也必秉有其诸种最高的价值，纵不能至，也不容不以此自勉焉。

韩氏所谓"受业"云云，殆为"授业"之意。（历观诸种昌黎集，均作"受业"，故未便径为擅改）韩氏对于此点未加发挥，其文之后段。且敝弃之。（"非吾所谓传其道解其惑者也。"欲不言受业或授业）韩氏因着重于"传道"云云，于"业"则非其所重，殆犹是吾国士大夫之素习。故曰："巫医乐师百工之人，不耻相师。"岂学业之业与百业之业有相似，故并此而不加注意耶？抑孔子所以不耻问琴于师襄，即在于其鼓琴之妙技，正所谓"术业有专攻"，初不必以其为具体之术业而遂鄙夷之。要之，"德慧术知"，并为人间之至宝，正不必有所轩轾于其间耳。

又所谓"师"，在我国手工业之社会中，常与"徒弟"相对。此盖开有教育的与经济的作用，因其制度既悠久而极广普，故于吾人诠解"师"之意义时，也自当连类及之。在西洋也复有其相类之历史。英文所谓"麦司德尔"（Master）者，以动词言，为娴精于某种技术业务或学问之谓，即对之能指挥如意而具左宜右有得心应手之妙。故一业中已"出师"者得称"师"。引申之于学校，大学中便有MA（现在通译"硕士"）之学位，实不啻一张师范学校之毕业凭证，换言之，即证明其于某种学艺已经"出师"。而英国学校之教师，也即以"麦司德尔"称，言其于某种学艺已识途径，而足导引幼年人以受业也。

我国昔日有"经师""人师"之别。以韩氏之词释之，经师者，殆授业者也；人师者，殆传道者也。经师已不易得，经师而兼人师，则更旷世而不一遇！吾人对于师资，理论上往往悬格甚高，如依种种条件尽欲达到，殆非"超人"不能！在教师本人，固不可不以此自勉，倘所谓"取法乎上，仅得乎中"，然一般社会对于理想与事实之分别，也不当昧然不顾。苛求责备，不徒无益，而反有损。

近年以来"教训合一"之口号，已响彻云霄。窃以为"教训合一"，应另有诠解。若谓学校全体教员皆应于教学以外，另兼训育之职责，窃以为尚有讨论之余地。人类禀赋，或长于此而绌于彼，见仁见智，乐山乐水，各自不同。即以素重人格陶冶之英国大学而言，各教授未必尽兼导师之职，勉强行之，效力必减。

以上云云，但言韩氏所谓"受业"云者，其重要实不减于"传道"，然斯二者亦固非截然为两事。近自克柏屈昌明"伴随学习"之说以后，可知一人学习某事时，同时也从此教学境况中得到其他的影响，此等影响，或善或否，而确常存在。教学境况中，一种最大的关系，为教师对于学问的态度，对于人生对于宇宙的看法。待人待物，立身处事，无形之中，均足影响于学者。桑戴克也言凡教师不能于此等处给予学者以美善深切的影响者，则殊有愧于"教育者"之称，足见此二者在事实上之不能划分，故即就狭义言之，授业之时，也未始不寓有传道之事矣。

至于韩氏所谓"解惑"云云，颇与现代教育理论多所契合。教育之一重要出发点在于"惑"，迫切求知之心也多起于"惑"。《论语》："不愤不启，不悱不发。""惑"与"愤悱"，意实相同。（"愤悱"，以现在之心理学名词言之，似可谓"平衡之失落"）抑韩氏之所谓"惑"，不在识字句读之末节，而欲为义理性命修齐治平之大道。杜威于教学极重问题之试解。其初步在以问题的境况临学者，俾其深切感到疑惑或愤悱，即克柏屈所谓"歧路的境况"也。

疑惑既经感到，教育者之所以解其惑者，将遂径直以诏告之乎？抑宁迂回其事，令学者自己尽其试探之力乎？是固将视材料及对象（受教者之资质及程度等）以为去取之准。然若尽行诏告，不留予学者以思索之余地，则慎思明辨之效无由睹矣。即至简单之材料，例如一字之音形义，此本由于"约定俗成"，固不妨径直诏告，但善教者也当徐徐导以使用字典，养成其习惯能力，则学者以后遇有疑惑，庶几"能自得师"，而不必事事倚赖他人。其余以是类推。此训练思维之能力，为教育上最大目的之一,"格物致知"! 如此方是通译"科学"(实最为不幸)——之功,舍此末由。依平常之语词言之,"科学教育"之精髓,即在于是。故"解惑"云云,尤在循循善诱,以培养学者自己解惑之能力,最有远见最有能力之教师即在使学者有需于教师之处能逐日而减少。

《学记》曰:"记问之学不足以为人师,必也其听语乎?"又曰:"道而弗牵,强而弗抑,开而弗达。"明乎此而知教师所以解学子之惑者,尚当有其"循循善诱"之术焉。夫教师以识途之老马,为学者长征之前导。明灯在望,步步前趋。若或后也,则有以挽之;若或馁也,则有以激励之。使其能不惮跋涉,不避艰险,盖其不回之志与其行远之力,已培养于无形矣。

韩氏根据书经与孔子问道问学之事实,而曰"圣人无常师",又引孔子之言曰:"三人行,则必有我师。"此种看法,正是"好学不倦"之明证,而为博"学"益"智"之左券。抑不第人而已矣,物也有然。最近杜威与其弟子等盛言社会之各种机关与制度,皆足影响吾人之心理。现在社会,缺陷孔多,故世界欲跻于郅治,必须有以改造之。社会一学校也。各种政治制度、经济制度,以及一切典章文物、风俗人情,我日夕与处,其人人也必深,故均我之师友也。特其影响未必尽为良善。以后教师之职务,也在有以对学者解释与调剂此种种之影响,务使其对于学者之生活与心理,咸能发生优良之效果,且与全社会共谋此等制度之不绝的改进,庶几以渐进于太平之盛世。诚若此则教师者真不啻免冠之帝王。教育为改进政治经济及人类社会一切之原动力,其在于此。《学记》曰:"师严然后道尊,道尊然后民知敬学。"又曰:"大学之礼,虽诏于天子无北面,所以尊师也。"则为教师者,又可不勉乎哉!

教师论(节选)

◇ [日] 小原国芳

我们不是要侈谈教师问题,而是为真正彻底改进教育教学现状才强调教师问题的,至少对现在那些懒惰的教师有强调的必要。

前边我们提出了灵感、自觉、火花、探究精神等。这绝不是忽视繁难的教学方法,相反,我们认为教学方法也很重要。但是,今日的教育过于依赖教学方法了。与方法相比,毋宁需要我们教师的内在努力,这是根本性的问题。奥斯特瓦尔德在《伟人论》中作了结论说,对于天才的教育绝对需要的是暗示和书。所有的大科学家都受过他周围的人的某种暗示。比起那些冗繁的教学细则、方法、课程表、提纲之类的东西,我们更需要的是那些能给学生以暗示和神火的教师。

自觉与努力,绝不是通过道学式的训示式的说教可以得到的。越被禁止的事情越想试试,越让干的事情越不想干,这是人之常情。儿童尤其如此。做教师的应当理解这种心理。各种做法和教法之所以也有很大的力量,实际就是教师本身的不断努力所致。第斯多惠说:"只有不断进步的人才有权利教别人。"只有不断努力、具有进步的热烈的探究精神的人才能使人灵化,迸发感人的火花。这就是唤起他人的自觉与引发他人的灵感。只有这种人才能给予暗示,使天才的能力得到开发。人格与人格的关系愈神秘,也就愈深刻。我们在大学生活中得到了许多宝贵的东西,其中那种真挚、热烈的学术气氛使我们热爱学问。东大文学部姑且不论,各位老师的那种在学问良心上敏锐的、极其虔诚而又谦虚真挚的态度使我们得到了净化。那种不为金钱、地位、富贵所动,甘于清贫,忠于学问的精神,那种旺盛的探究精神,给了我们多少激励,给了我们多大的教育,这些都是我们一生中最宝贵的东西。

要在真理面前做一个纯真虔诚的孜孜不倦的朝拜者,这确实能匡救我们的教学。与其做一个完成的大行家,不如永远做一个未完成的学徒!与其追求居高傲下的地位,不如做一个谦让的苏格拉底式的"无知者"!要时常感到自己的不完全和不足,要永远做一个用探寻的目光看事物的婴儿!不因经验和老一套而陷于麻痹,而要敏感常存!要使自己的窗子常为汲取真理而打开!不要陷于褊狭固陋,而把自己陈旧的真理观奉为后半生的圭臬!要做一个对真理永远顺从的少女!

惟有如此,惟有这样的人,才能发出真正的灵光、自觉和火花。

只有自己艰苦努力的人,才能同情别人的艰苦,鼓励别人。只有自己对某一事物亲自进行长期的研究,才能得到真正的实验资料。释迦与基督在经历了痛苦磨难之后才找到了普度众生的方法。同样,只有通过自己艰苦地钻研才能创造出生动活泼的教学法。那些自己不想花费任何精力,甘做笔记机械,满堂灌出来的师范毕业生,能搞出真正活的教育来吗？更何况连教材还不精通呢。

最后要谈的是爱。爱，一颗诲人不倦的父母心，一种企望学生提高到自己那种程度的同情心，一种对弱者和失败者的怜悯心，一种对优秀者和日益上进者的尊敬心。这样，生动活泼的教学法就会产生。

"误教"与"无教"

◇晏阳初

我国人口占世界五分之一，有几千年悠久的历史，数千万平方里的土地，现在受人侵略，无法抵抗，人家的飞机大炮，如入无人之境，这是怎么一回事呢？华北紧急，全国动摇了。你们是有血气有思想的青年，试想一想，中国为什么到如此田地？我以为根本的原因是"误教"与"无教"。何谓"误教"与"无教"呢？中国现在受教育的人很少，而所受的教育，又多是不切实用的。所以有"教育误人""教育杀人"的这种说法，这就是"误教"的意思。四万万人口中有 80% 没有受过教育，这就叫做"无教"。中国数千年来的旧教育，现在已经整个的推翻了，可是新教育尚未产生。现在所谓"新教育"，并不是新的产物，实在是从东西洋抄袭来的东西。日本留学生回来办日本的教育；英美留学生回来办英美的教育。试问中国人在中国办外国教育，还有什么意义？各国教育，有各国的制度和精神，各有它的空间性与时间性，万不能乱七八糟地拿来借用。现在的学生在学日、学美、学英、弄得一塌糊涂。学非所用，用非所学，所以许多大学生都在失业，而国家复闹人才缺乏的恐慌。人找不着事，事找不着人，这是充分去模仿外国的结果，整个教育因此破产。

中国人办教育不知道中国的情形，随便把外洋的东西搬进来，好像一个人害病，不问他的病源，任意给他吃药，一定要弄坏的，所以教育办了几十年，对于中国本身没有发生什么好的影响。你若去问一个统计学家，中国现存有多少人口，他一定回答说大约是四万万吧，有的说三万万五千万，有的又说四万万五千万，其间差了这样大的一个数目，全没有确实的调查。譬如人家问你家里有几口人，你都不能回答，这岂不是一件最耻辱的事。中国人不知道日本的事，不知道苏俄的事，情有可原；中国人不知道中国的事，这真是罪无可恕了。中国现在的金矿有多少,煤矿铁矿有多少,耕地有多少,森林有多少,有人知道吗?但是日本人会知道,美国人也会知道,说起来是如何的痛心啊!为教育而教育,为学校而学校,学生毕了业,就不管他失业不失业了。甲校如是,乙校亦如是。大家不知道为什么去办学校,不明了社会上的问题,去根据问题而定方针。只晓得照样画葫芦,人家怎样做,我们就怎样做。甚至有人为饭碗而办学校,这更是不堪闻问了。

中国人的大毛病,是说而不干。你看有好多人只管在那里说,"教育误人""教育杀人",闹得声彻云霄,而无人实地去改造,更有谁能认真吃苦,到乡村去!大家具有一种得过且过的心理,以为别人不去,我何必去呢?得过且过,已经过了 4 000 多年。须知时至今日,已不是"得过且过"的时期,乃是求得过亦不能得过的时候了。敌人的枪口,一天一天向我们迫近,我们怎样还不觉悟,还是偷闲躲懒,不肯去干。我们常见有人写文章,骂教育,结果还是空论一场。我们怎样说就要怎样做,要怎样做,就要先认识中国情形,认识社会情形,亲身到社会里去体验。

中国教育堕落到这种地步,如何得了?所幸误教尚少,假如误教普及了的话,那只有坐以待毙。现在还有 80% 的"无教"者,正待我们去普教,故中国前途尚有可为。我们不应当再拿外国教育去教他们,要创造一种中国教育,要用中国药来医治中国病,且要看清病源,然后再去下药。

今后新教育的途径是:不要再模仿别人,要自尊自信,自己创造。外国的科学我们要学,外国的教育,自有他们的背景,我们怎么能够盲目抄袭呢?

个人的行动,也是随时代而变迁的,现在你若仍不出户门,坐在家里读书,那是不成功的。中国人最低限度要明了中国的情形。想明了中国的情形,不是要去调查南京、上海、天津、北平这样的大都市,是要深入农村。因为中国四万万人不是完全住在都市,有 80% 以上的人口住在农村。从前说"秀才不出门,能知天下事",读书人自作聪明,所以成了现在的状况。"闭门造车""纸上谈兵"的空计划,绝对不可靠。明了事实,才能发现问题,发现了问题的因果,才能计划改造的方案。

要想知道民间实况和疾苦,没有数字作根据,便不知从何处下手,所以要有调查统计的工作。现在说到诸位同学来到这里预备将来去做建设农村,复兴民族的工作:各位要知道教育的基本不在大学和专门学校,是在小学。比如建筑房屋,没有坚固的基础,就不能筑成一座崇楼高阁。没有好的小学,又从哪里去得到好的大学生和专门学生?小学的目的是为教育这广大的民众的,所以很重要。留学生从外国回来,他们心目中成了一个做大事、做大官的观念,谁还顾及得到小学教育。所以有人说中国人忘本,本就是基础。我们把基础教育称做小学教育,所以人人以为它小,便不愿去干。孙中山先生曾经说,中国人与西洋人不同的地方从很小的事情上,就可以看得出来。譬如建筑房子,外国人行奠基礼的时候,非常隆重;中国人却要到上梁的时候,才大行庆贺。从这一点就可以看出中国人只重外表,不重基础。

"师范教育"这个名词倒是很好的。师范二字的意义,是说既可为师,又能做范。有许多做先生的不见得就能够做人的模范,能够做人模范的,却都可以做人的先生,希望你们能够做人的先生又能做人的模范,真正负起乡村师范教育的使命来,去教育那广大的平民与农村中的大多数的儿童,这种责任是何等的重大!

我们能够去教育那么大的民众,"无教"也就要变成"有教"了,但是我们怎样去教他们?这却是一个重大的问题。中国社会需要什么,我们就应当去教他们什么。要明白现在已经是 20 世纪了,不是"日出而作,日入而息"的时代了,现在是飞机、大炮、毒瓦斯的时代了。我们要做一个"现代人",一方面要不忘本,换句话说,就是不要忘记我们是中国人;另一方面要应用欧美的科学,要有驾驭自然的本领,一扫从前那种靠天吃饭,信赖命运的行为,换上一幅创造新天地的气魄,这才能有办法。不然,你就不配在这 20 世纪生存。

但是怎样才能使你做一个现代的人呢?唯一的办法,就是"吃苦"两个字。你能吃苦,一切都能如你的愿。我国有句俗语:"吃得苦中苦,方为人上人。"这句话确含有真理。美国有句话说:"总统出自茅庐。"我希望你们努力吃苦,在教师指导之下去苦干,去造就自己,把自己造就成一个民族的仆人、大众的仆人。

苏俄在十几年前,世界上没有一个国家理她,不许她加入国联。可是现在还不到二十年,各国都把她当作嘉宾,先后同她复交,国联也很恭敬地请她加入,给她一个常任理事席,使濒将破产的国联,因她得以支持,这是何等的荣耀?可是苏联在这十几年内的苦也真吃够了,全国人民节衣缩食,为的是国家的建设,因此才有今日。所以,我们要下决心,洗尽从前那种"万般皆下品,唯有读书高"的心理。这种念头在前一二百年或者还可以,到了20世纪的今日,是不可能的。要知道,在你我的生命范围内,都没有幸福的希望。

在我国今日这种民穷财尽,天灾人祸交逼的时候,人民真是不能说不算吃苦,但是这种吃苦能算是有目的、有意义的吃苦吗?我们要效法苏联那种有计划、有目的、有意义的吃苦。

衡山省立乡村师范在湖南是很重要的一个乡村师范学校,今后基础教育的奠定,全在各位的身上,所以希望你们能够去吃苦。德国之所以能有今日,虽在他精强的兵力,但是,根本的原因,是在师范教育办得好。就是我国现在各处实验县的中心工作,也是在普及平民教育,造就干部人才,而干部人才,又多半是出自乡村师范的,因为乡村师范的学生都是有志改进乡村的。村政弄好了,县政当然也要随之而好。省政、国政,自然整个就会上了轨道。这样方能安邦强国抵御外侮,这样我们方能生存于20世纪。

最后我希望各位的有两点:

(1)对于学问的追求:学问的重要,是人人都知道的,无论做什么事,都非有学问不可。别的且莫讲,就以你们本身而言,你们为了要改造社会,建设乡村,就得认识社会的整个面目,至少也要知道湖南衡山这一个小圈子,还得明白些做人的道理,多有些常识才行。

(2)对于人格的修养:中国能通中西古今有学问的人也不少。可是他们的学问尽管好,若是没有人格,恐怕他们的学问越好,他越能够卖国。有许多什么日本通、美国通、苏俄通……根本就通错了,这是什么缘故呢?缘故是没有人格的修养。所以我觉得学问还在其次,人格却最要紧,我们要有"富贵不能淫,贫贱不能移,威武不能屈"的操守。

各位同学,国难已到这样不可收拾的地步,我们若再不努力,就只有灭亡一途。国家亡了,就是要爱国也无国可爱,到那时可就悔之晚了。希望各位同学永远不要忘记我今天所讲的话。

第六章

教学媒体运用与情境创设

教学媒体的组合运用

如何合理使用教学媒体,有效提高课堂效率,是摆在教师面前的一大课题。教师要想优化教学、提高教学效率,应该恰当地选择教学媒体,使多种教学媒体互为补充,扬长避短,实现组合运用的最优化。除此之外,还应该确定多媒体最佳展示时机。只有这样,才能给人以生动、形象、直观和新颖的感觉,保证学习的顺利进行。

媒体:"媒体"一词来源于拉丁语"Medium",音译为媒介,意为两者之间。它是指从信息源到受信者之间承载并传递、加工信息的载体或工具。媒体有两层含义,一是指承载信息所使用的符号系统,如文字、符号、语言、声音、图形、图像、软件程序等,媒体呈现时采用的符号系统将决定媒体的信息表达功能;二是指存贮和加工、传递信息的实体,如书本、挂图、投影片、录像带、微缩胶片、计算机磁盘等,以及相关的采集、播放、处理设备。

教学媒体:以传递教学信息为最终目的的媒体被称为教学媒体。教学媒体用于教学信息从信息源到学习者之间的传递,具有明确的教学目的、教学内容和教学对象。

教学媒体包括语言媒体、文字媒体、印刷媒体和电子媒体。

1. 语言媒体

语言媒体作为一种最古老的传播媒体,具有简单、快捷、通俗等优越特性。即使在具备多种多样的现代化媒体的今天仍具有其他媒体所不能取代的优点。语言媒体具有以下教学功能。

(1)符号的功能;

(2)促进思维、表达思想的功能;

(3)具有交流传播的功能。

但是语言媒体的缺点也很明显,比如:语言符号比较抽象,常常需要手势、表情、体态辅助,而且转瞬即逝,难以保存;语言媒体的传播距离有限,只能在有限的距离内实现交流。因此,在教学活动中,语言媒体应与其他教学媒体相互配合使用才能获得良好的教学效果。

2. 文字媒体

从语言的产生到文字的出现,其间经历了几万年。据考究,人类最初采用文字的时间大约在公元前 *4000* 年,从古老的图画经验中演变而来,如古埃及的图画文字、苏美尔人和巴比伦人的楔形文字和中国的象形文字等。随着人类社会的进步,我们使用的文字也在不断地发展和完善。目前世界上大约有 *500* 种文字,主要的文字体系有西方的表音文字体系和以中国为代表的东方国家的表意文字体系。最早的文字主要刻写在龟甲、兽骨、竹简、锦帛之类的物品上,从造纸术的发明并生产出第一批良纸开始,纸便成了人们书写和记录文字最方便的工具。

文字媒体的出现,带来了教育方式的第二次重大变革,使教育将文字书写与口头语言作为同等重要的教育工具,人类除了口耳相传还可以利用书写文字来传达信息,是教育史上的又一次重大革命。

3. 印刷媒体

在印刷术发明以前,文字的传播主要靠各种形式的"手抄本"。公元 *1041* 年—*1048* 年间,我国宋代的毕昇发明了活字印刷术,大大地节省了雕版的费用,缩短了出书时间,提高了效率,使得信息可以大量复制、存储并广泛流传,对人类社会保存文化、传播思想和发展教育起了重大作用。

印刷媒体引进教育领域,教科书成为学校教育的重要媒体。学生的知识信息不仅来自教师,也来自教科书。学生不仅向教师学习,也向书本学习。教师利用统一的教科书,可以面对一班学生开展有效的教学活动,导致 *17* 世纪产生了学校教育的班级授课制,引起了教学方式、教学规模的又一次重大变革,产生了教育史上的第三次革命。文字印刷媒体是教学活动中传送教育信息的重要媒体。其应用于教学的主要优点有以下几个方面。

(*1*)易于携带,使用方便;

(*2*)制作成本低,易于分类保存修改和分发;

(*3*)教科书、学术著作的出版,通常经过严格的审定,一般具有较高的水平,值得信赖;

(*4*)具有稳定性和持久性;

(*5*)学生可以按照自定步调组织学习。

但由于它是采用文字符号去描述事物和现象,过于抽象,对于缺乏生活经验的中小学生难以理解接受。因此,在教学活动中,教师运用各

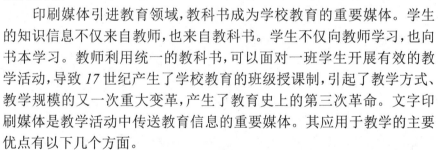

种直观教具进行讲授,也是教学活动中不可缺少的环节。

4. 电子传播媒体

19 世纪末至今,是科学技术迅速发展的年代。以电子技术新成果为主发展起来的新传播媒体,即电子传播媒体,大大提高了人类信息的传播能力和传播效率,并由此引发了教育领域中教育方式与规模上的一个根本性的变革,从而产生了教育史上的第四次革命。

电子传播媒体阶段也被称之为多媒体阶段。现代教育媒体虽然具有强大的优势,但它不能代替传统的教学媒体,更不能代替教师的言传身教。教师的语言、教师的一举一动,仍是教学活动中的重要组成部分,文字与印刷媒体始终是教学活动中的重要媒体。

各种媒体既有其自身的特点与功能,又有其局限性,媒体更代替不了教师。在教学活动中应把多种媒体优化组合、取长补短,这样才能充分发挥各种媒体应有的教学功能,以真正实现教学过程的最优化。

很显然,不同的教学媒体可以起到不同的指导作用。在实际教学中,往往需要从多个角度来考虑媒体的选择,所以教师要根据教学的整体要求选择最佳媒体,而不能根据某一项指标来作出决定。每一种教学媒体都具有其自身的特性,应根据教学的需要来选择媒体,而不能简单地断定一种媒体比另一种媒体强。

而且,媒体组合是一个系统工程,要保证良好的硬件、软件、潜件的互补性,就要求媒体的组合符合正确的规律,要有基本的组合的原则:

(1)媒体组合系统化。系统论告诉我们,系统内部各要素绝不是数量上的复合与叠加,而是要以最优化的各要素形成彼此之间的最优化关系。因此,在教学媒体的组合运用中,当确定一个主体性媒体以后,便要选择辅助性媒体,以构成优化的媒体教学系统。

(2)媒体组合的简化。在媒体组合的系统观确立之后,媒体系统越简化越好,当然,这种简化是建立在最优化的基础之上的。这是因为在同一媒体系统中,选择的媒体数量越多,在设计编制方面就越复杂。所以一般来说,简化利于优化。

(3)媒体组合的统一观。媒体的组合要从教学总目标出发,各个媒体要根据不同的分工完成各自的任务,决不能强调自成系统,这样才能使各媒体之间组成既相互联系又相互补充的多层次的信息结构。

　　教学媒体组合有法,但无定法。无论怎样组合,都为了实现教学目标、优化教学,提高教学效率的。

使用教学媒体,优化教学效果

　　"学媒无关论"是克拉克(Clark)提出来的,*1983*年美国洛杉矶南加州大学教育心理与技术系教授、系主任克拉克在《教育研究评述》刊物上发表了一篇名为《从媒体中学习的再思考》的综述性论文。在这篇文章中他提出以后颇为人们争议的论断"媒体仅仅是传播教学的工具,它对学习结果的影响比汽车一年送食品引起营养变化的影响还要小"。他解释说,虽然教学传播工具的选择会影响到传播的费用以及程度,但只有所传播的内容才会真正影响学习的结果。

　　考兹玛(Kozma)是美国加利福尼亚国际 SRI 学习技术中心的主任。他在《教育技术研究与发展》刊物上发表了一篇题为《媒体会影响学习吗?——对讨论的再定位》的文章。在这篇文章中,考兹玛结合瓦特(white)的研究成果向克拉克的学媒无关论发起了挑战,由此引起了一场更大的学习与媒体的关系的再讨论。考兹玛指出:"如果媒体与学习之间目前还没有什么关系的话,那是因为我们还没有去做这个工作。"这就是考兹玛针对"学媒无关论"提出的"学媒相关论"。在提出各自理论的同时,两位学者都做了大量的实验,分别验证了各自理论的正确性。

　　这使得我们看出,两个理论都有正确、可取的地方,在不同的情况下,都可以指导实践。下面,本书就两位学者的观点,提出自己折中的学媒观。

　　教学媒体的作用包括以下几点。

　　(1)有利于教学的标准化;

　　(2)有利于形成兴趣化教学;

　　(3)有利于提高教学质量和教学效率;

　　(4)有利于实施个别化学习;

　　(5)促进教师和学生的作用发生变化;

　　(6)有利于开展特殊教育。

　　在具体的教学实践中,无论是使用单一的媒体还是组合的媒体,都是为达到最优化的教学效果服务的。具体地说,教学媒体的使用目的主要有以下几点。

1. 突出教学重点

正确运用教学媒体,不但能突出教学重点,而且有利于学生理解和掌握知识。例如,初中化学"碱金属"一章根据教学目标,这一章有二十多个知识点,其中需要理解、应用的知识点正是本章的重点,我们可以制作一张投影片列举出这些重点内容,着重讲解或小结复习。

2. 解决教学难点

使用教学媒体,可以有效地解决教学中的难点。例如,太阳、地球、月亮三颗星球的运行规律是我们教学中的一个难点,如果利用录像教学或计算机辅助教学,就可以轻而易举地展示出三颗星球的相对位置和运行轨迹。

3. 提供教学资料

根据教学需要,可以提供背景资料,如图片、历史镜头等。例如,在讲授小学语文课文《周总理,你在哪里》时,播放《十里长街送总理》的教学录像片,提供历史性事实材料。

4. 创设教学情境

利用现代教学媒体声形并茂的特点,可以给学生创设一个良好的教学情境。比如影视是动态的视觉与听觉的结合,这种耳闻目睹、多种感觉器官的综合作用为学生提供了身临其境的感性的替代经验,有助于在教学中弥补学生直接经验的不足。语言实验室也为学生创设了一个语言交际和学习的环境。

5. 提供教学示范

利用现代教学媒体的再现性,可以给学生提供优秀教师的教学录像、艺术类课中示范性的动作、语言教学中的标准读音及规范性的实验操作等。

6. 启发学生思考

教学中应用媒体时要与各种启发方式相结合,启发有激疑启发、类比启发、联想启发等。

例如,生理卫生循环系统的教学可以先向学生展示心脏的结构及工作原理的投影片,然后提出问题让学生思考"人体是如何得到氧气供应的"。观察投影片与提问相结合,激发学生认真思考,这种方法称为激疑启发。

又如生物课,每讲完一个动物,可将这个动物与上一个动物对应的器官、系统等制成幻灯片或投影片进行分析比较,引导学生找出它们的异同,通过类比,让学生自己发现生物不断进化的规律。这种启发方式称为类比启发。

再如,学生在观看菜豆种子发芽、成长的录像片时,让他们思考有哪些植物的种子与菜豆类似,通过联想,最后归纳出双子叶植物种子发芽、发育的特点,这种启发称为联想启发。

恰当地选择教学媒体

一、选择教学媒体的依据

在选择教学媒体前,应对教学目标、内容、对象、策略等做分析,选择时不应只注重性能或价值,还应注重媒体的实用性与教学环境之间的适用性等问题。

1. 依据教学目标

教学目标是贯穿教学活动全过程的指导思想,它不仅规定教师进行教学活动的内容和方式,指导学生对知识内容的选择和吸收,还控制媒体类型和媒体内容的选择。以外语教学为例,让学生掌握语法规则和要求学生能就某个情境进行会话,是两种不同的教学目标。前者往往通过文字讲解并辅以各种实例来帮助学生形成语法概念;后者则往往通过反映实际情境的动画和语声,使学生在具体的语言环境中去掌握正确的言语技能。不同的教学目标决定不同的媒体类型和媒体内容的选择。

2. 依据教学内容

学科内容不同,适用的教学媒体也不同,即使同一学科,各章节的内容也不一样,对教学媒体的要求也不一样。以语文学科为例,散文和小说体裁的文章最好通过能提供活动影像的媒体来讲解,使学生有身临其境的感觉,以加深对人物情节和主题思想的理解。对于数理学科中的某些定理和法则,由于概念比较抽象,最好通过动画过程把事物的运动变化规律展现出来(或把微观的、不易观察的过程加以放大)以帮助学生对定理和规律的掌握。同是化学学科,在讲解化学反应时最好用动画一步步模拟反应的过程,而在讲解分子式、分子结构及元素周期表等内容时,则以图形或图表的配合为宜。总之,对教学媒体的选用和设计应依据教学内容来进行。

3. 依据教学对象

不同年龄阶段的学生其认知结构有很大差别,教学媒体的设计必须与教学对象的年龄特征相适应,否则不会有理想的教学效果。按照皮亚杰的儿童认知发展理论,小学生(6～12岁)正好处于认知发展的第三阶段,即"具体运算阶段",其认知结构属"直觉思维图式";初中学生(12～15岁)则处于认知发展的第四阶段,即"形式运算阶段",其认知结构属"运算思维图式",处于这一阶段的学生,思维能力有了较大发展,且抽象思维占优势地位。但是对初中学生来说,这种抽象思维仍属经验型,还需要感性经验的直接支持;对高中学生(16～18岁)来说,其抽象思维能力已得到进一步发展,逐渐由经验型过渡到理论型,即能在有关理论的指导下分析处理某些实际问题,并能通过对外部现象的观察归纳出关于客观世界的某些知识。

在进行教学媒体的设计时,必须充分考虑上述不同年龄段的认知特点,绝不能用某种固定的模式。在小学低年级阶段,各学科媒体设计的重点应放在如何实施形象化教学,以适应学生的直观、形象思维图式,因而应多采用图形、动画和音乐之类的媒体使图、文、声并茂;在小学高年级阶段,则要把重点放在如何帮助学生完成由直观、形象思维向抽象思维的过渡,因而这一阶段的形象化教学可适当减少;在中学阶段则应着重引导学生学习抽象概念,学会运用语言符号去揭示事物的内在规律,逐步发展学生的逻辑思维能力。在初中阶段尽管形象化教学仍不可缺少,但是只能作为一种帮助理解抽象概念的辅助手段,而不能像小学那样以形象化教学为主,否则将会喧宾夺主,达不到教学目标的要求——从形式上看很生动、很美观,而内容却无助于学生认知能力的发展。

4. 依据教学条件

教学中能否选用某种媒体,还要看当时当地的具体条件,其中包括资源状况、经济能力、师生技能、使用环境、管理水平等因素。录像教学具有视听结合、文理皆适的优点,但符合特定课题需要的录像片是不是随手可得呢?语言实验室是一种极其有效的外语教学媒体,可并非每个学校都有能力置备,用录音机代替也是可以的,但除了需要资金购买计算机,还要培训使用人员。

5. 根据教学媒体自身功能和特性

各种教学媒体都具有自身的特性,对于某些教学活动特别有效。总之,教学媒体选择依据的基本思路是:使用系统方法,对教学目标、学习内容、学生的需要和水平、一定的教学条件、教学媒体的特性和功能、经济性与适用性等各方面进行整体协调,选择恰当的、最优的教学媒体。

二、教学媒体选择的原则

教学媒体选择的一个基本原则,就是要根据教学媒体对促进教学目标和教学目的完成所具有的潜在能力来进行选择。这个潜在能力就是指教学媒体本身的特性和教学功能。其具体指导如下。

1. 易获得性原则

所谓易获得性原则,是指学生容易获得这种教学媒体。在众多的可用教学媒体中,首先我们要考虑的是学生能接触到哪些教学媒体,或者说我们可能为学生提供哪些教学媒体。

2. 方便学习者的原则

教学媒体的选择应尽可能地方便学生,这主要取决于教学媒体的控制特征。首先,要考虑教学媒体是否容易接近,是在学生家庭用,还是在学习中心等集体学习场合用,是个人使用还是集体使用,是固定的,还是可移动便于携带的。其次,要考虑教学媒体操作的方便与否,即教学媒体需要何种环境、需要其他何种保障、需要何种特殊操作技能等。是后,要考虑教学媒体的时间控制特性,是即时教学媒体还是永久教学媒体。

3. 合理利用教学媒体的原则

每一种媒体都具有一定的特性,因此他们的功能也不尽相同。每一种媒体都有自己的长处和短处,他们之间可以互补。当利用一种媒体的长处去实现一个与之相适应的教学目标时,效果自然会比其他媒体好。但是如果用这种媒体去实现另外一个教学目标,也许效果就会比其他媒体差一些。所以,没有一种媒体可以适应于所有教学目标,也就是说世界上没有"万能媒体"。因此,使用媒体时,要注意扬长避短,做到物尽其用,充分发挥他们各自的优势。

4. 考虑教学设计过程中其他要素的影响

选择教学媒体一定要满足教学目标、教学内容、教学对象及教学策略的要求。教学媒体是教学策略中的一个因素,所以选择媒体时不但要服从制定教学策略的依据,而且要注意到教学媒体与其他因素之间相互联系、相互制约的关系。

例如,如果已经决定采用集体授课方式,那么就应该选择能够向全班学生展示的媒体,如挂图、幻灯机、投影仪或大屏幕电视机等。借助不同的教学媒体,可以完成不同的教学目标。例如,在外语教学中,如果要纠正学生发音中的错误,就可以使用录音媒体;而要为学生提供一个相应的会话情境,最好使用录像媒体。

不同的学科内容或同一学科中不同章节的内容,对教学媒体有不同的要求。例如,如果能在已经联网的计算机教室里讲授计算机语言的课程,全班学生就能在自己的计算机屏幕上看到教师的计算机屏幕上所显示的内容,比起教师在黑板上费力地书写,效果要好得多。又如,在讲解一篇介绍风景名胜的课文时,如果配上相应的照片、电影或录像带等,就会使学生身临其境,深刻理解课文的意义。

此外,对教学内容的重点或难点,教师往往希望借助教学媒体激发学生的学习兴趣,调动他们的积极性,帮助他们理解、记忆和掌握这些重点或难点,起到事半功倍的效果。学生特征也是影响媒体选择的一个因素。例如,中学生的抽象概括能力要比小学生强,感知的经验也比较丰富,持续集中注意力的时间相对较长,所以在为他们选择媒体时要注意,媒体传递的内容中所包含的分析、综合、抽象、概括和理性认识的分量可相应增加,重点应放在揭示事物的内在规律上。

5. 考虑媒体使用的环境与实际效果

教学媒体只有在具体的教学环境中使用才能发挥出它的作用,而其中的环境因素对于媒体的选择和使用往往有限制作用。这就是说,不论我们所选择的媒体多么符合原则,如果环境不允许也只能放弃。下面举的几个例子就反映了这种情况。

（1）在刚刚开始使用一种新的教学媒体时，如果教师和学生都不熟悉它的使用方法，就可能发挥不出它的功能。这时只有两种选择，要么在教学过程中安排学习使用媒体的时间，要么换成另一种媒体。

（2）对于比较昂贵的教学媒体的设备，如果学校的教育经费不足，就不能购买，当然也谈不上使用。

（3）有了媒体设备，没有适合可用的教学软件。

（4）有些媒体对使用环境有一些特殊要求，例如幻灯片和电影要求放映地点的光线比较暗，这就需要遮挡光线。

（5）选择媒体时，还会受到学校管理媒体的水平的限制，因为只有当媒体处于良好的工作状态时，教师才能选择和使用。

可见，师生对媒体的熟悉程度、教育经费、教学软件的质量及数量、对环境的特殊要求、管理水平等，都会对媒体的选择和使用产生影响。能够使用教学媒体并不是教师的目的，教师所关心的应是媒体使用之后到底能得到什么样的教学效果。无论是购买、制作还是使用教学媒体都需要花费资金、时间和人力，当然要以较低的代价来换取较高的效益，就必须注重媒体的实际效果，而不能盲目地求新求全，把媒体当成"现代化教学"的标志。

因此，如果有两种教学媒体所带来的效益完全相同，那么就应该选择成本较低的那一种。如果有一种媒体虽然比另一种媒体的教学效果好一些，却要付出相当大的代价，那么还是应该选择代价小的那一种。

教学媒体必须在一定的条件下，才能发挥出它应有的作用，而且这种作用也是有限度的，所以教师只能利用媒体，而不能过分依赖媒体，更不能用媒体来取代教师的作用。媒体是由教师选择和使用的，其目的是帮助教师顺利地实现教学目标。因此，在使用媒体时，教师要对媒体所传递的信息做一些解释，讲明哪些信息与教学目标有关，哪些无关，引导学生接受有用的信息，而不被一些无关信息干扰。

三、教学媒体选择的方法

教学媒体的选择，更多的是依赖于人的主观判断。在选择教学媒体时，为了使作出的主观判断更为客观、准确，在大量的教学媒体应用实践中，逐步形成一些教学媒体的选择方法。这里我们主要介绍问题

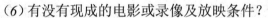

表型、流程图型、矩阵型这三种教学媒体选择的方法。

1. 问题表型

问题表实际上是列出一系列要求媒体选择者回答的问题,通过对这些问题的逐一回答,来比较清楚地发现适用于一定教学情境的媒体。

下面的一组问题便是例子:

(1)所需媒体是用来提供感性材料还是提供练习条件?该媒体是用于辅助集体讲授还是用于个别化学习?

(2)媒体材料与学生的认知水平相一致吗?

(3)教学内容是否要作图解或图示的处理?

(4)视觉内容是用静止图像还是活动图像来呈现?

(5)活动图像要不要配音?是用电影还是录像来表达视听结合的活动图像?

(6)有没有现成的电影或录像及放映条件?

当对教学媒体选择因素有较深刻的理解后,便可以根据周围的具体情况自己设计问题。问题根据实际情况可多可少,可按逻辑排序,也可不按逻辑顺序排列。通过对问题表各项问题的回答,我们就可适当选择教学媒体。这种模型出现较早,并为其他一些选择模型提供了基础。

2. 流程图类型

这种类型是建立在问题表类型基础上的,它将选择过程分解成一定的序列步骤,每一步骤都设一问题,在使用者选择回答"是"或"否"后,根据问题逻辑被引入不同的分支步骤,回答完最后一个问题就会至少有一种或一组媒体被确认为是最适用(于特定情景)的教学媒体。

流程图可以根据不同的需要设计成各种形式,下面提供国外一个研究者设计的集体授课的媒体选择流程图(见图8),以供教师选择教学媒体时参考。

3. 矩阵类型

矩阵选择表是两维排列的,将教学媒体的种类为一维,教学功能和其他考虑因素做另一维,进行列表,然后再用一种评价尺度反映两者之间的关系。评价尺度可用很有利、较有利、困难和不利4种层次。

在这里介绍的是加涅提出的常用媒体教学功能表(见表3)。

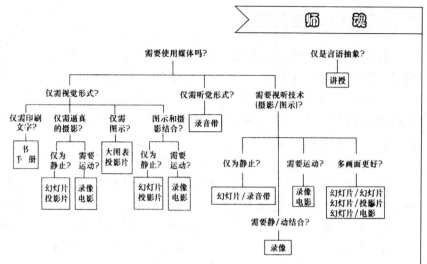

图 8 集体授课的媒体选择流程图

表 3 矩阵式媒体选择表图

种类 功能	实物 演示	口头 传播	印刷 媒体	静止 图像	活动 图像	有声 电影	教学 机器
呈现刺激	Y	Li	Li	Y	Y	Y	Y
引导注意和其他活动	N	Y	Y	N	N	Y	Y
提供所期望行为的规范	Li	Y	Y	Li	Li	Y	Y
提供外部刺激	Li	Y	Y	Li	Li	Y	Y
指导思维	N	Y	Y	N	N	Y	Y
产生迁移	Li	Y	Li	Li	Li	Li	Li
评定成绩	N	Y	Y	N	N	Y	Y
提供反馈	Li	Y	Y	N	Li	Y	Y

4.算法型

算法型是指通过模糊的数值计算决定媒体的取舍。基本思想是尽可能选择低价、高功能的教学媒体,计算公式为:媒体的选择 = 媒体的功能 / 需要付出的代价。

确定教学媒体的最佳展示时机

根据前面的内容,教师可以确定在课堂教学中使用哪一类媒体,但是在课堂教学过程中选择什么时机利用媒体来展示教学内容还是未知的。教学媒体的最佳展示时机,是根据教学内容及以往的教学经验,预测学生在学习过程中心理上可能发生的变化,针对这种心理变化,不失时机地发挥教学媒体的作用,帮助学生保持良好的心理状态,或帮助学生将不良的学习心理状态转化为良好的学习心理状态,保证学习有效地进行。主要有以下几个方面。

1. 有意注意与无意注意的相互转换

由心理学研究结果可知,虽然在学生学习过程中,主要是有意注意在起作用,但是,无意注意在一定条件下,也会起到有意注意所不能起到的作用,如调动学生的学习积极性,加强学习效果,等等。所以,有经验的教师,在教学过程中,要抓住这一特点,灵活地运用转换原理,既使学生紧张的大脑得到休息,又能达到较好的保持注意效果。

2. 抑制状态向兴奋状态的转化

由心理学研究结果可知,处于抑制状态的学生,是不可能很好地进行学习的。教师应想方设法,将这种抑制状态转化为兴奋状态。实现这种转变的常用方法是启发和解疑。

在讲授知识重点时,教师确定的思维启发点和学生被启发而出现的求知兴奋时刻的结合,往往是教学媒体的最佳展示时机。

例如,小学语文课《奇异的琥珀》,重点是琥珀的奇异。教师采用变序讲读法,先让学生了解琥珀的"奇异"在哪里,然后利用学生的好奇心理,启发其求知所以然。此时,出现启发点和求知兴奋时刻的结合,教师随之演示一框抽拉复合投影片,呈现"两只小虫都淹没在老松树的黄色泪珠里"的影像,接着是学生在这个直观感知的基础上所引出的联想。

在讲授知识难点时,教师确定的知识点和学生出现心理障碍的时刻的结合,往往也是教学媒体的最佳展示时机。

例如,在小学语文课《少年闰土》中,教师确定"西瓜的危险经历"同人物性格品质的关系作为知识解疑点。当课文中重提"瓜地与少年"时,学生新鲜感即逝,兴趣黯然,这就表明学生出现了心理障碍。此时学生所需要的解疑化难产生的兴奋时机也出现了,教师及时地演示一框有别于课文插图的投影片。新刺激将学生的心理抑制状态转化为兴奋状态,同时教师结合投影片引导学生认识了在那"危险的经历"中却面无惧色的少年,从而把握了人物的勇敢机敏的特点。

3.平静状态向活跃状态的转化

在教学过程中,有时会出现学生对教师的教及教学的内容既能接受,也不厌烦的情况。但是,由于对教师的教法摸得很透,就会产生"他一定会用老一套方法来教"的想法。然后就是平静地在那里等待,这是一种不良的心理状态。这时,教师应当采取学生意想不到的方法,打破这种平静状态,使学生的学习心理活跃起来。

4.兴奋状态向理性状态的升华

使学生兴奋起来并不是教学目的,学生处于兴奋状态只是为学习的进一步发展创造了良好的心理条件。但是,如果教师不能适时加以引导,不能使学生的认识升华到新的境界,这种兴奋状态就不可能持久,教学目标就不可能更好地实现。这时,教师应当因势利导,采取有效方法,自然而然、水到渠成地将学生的兴奋状态引到理性的升华。

5.克服畏难心理,增强自信心

从心理学的角度讲,在教学过程中,教师应从心理方面常给学生一种具有新意的刺激,让他们在对新鲜事物的尝试中,增强自信心。从教学方面讲,这种新鲜刺激能够高度集中学生的注意力,使他们处于一种积极向上的亢奋状态,愿意调动自己的全部力量去进行实践。这样做不但能够克服学生学习时的畏难心理,而且可以调动他们的学习积极性,有利于培养和提高他们的各种能力。

6.满足表现能够胜任的欲望

任何人都希望别人把自己看作有能力并能胜任某项工作的人,中小学生尤其甚之。如果教师能够把握学生的这种要求和愿望,及时地创造机会与条件,以满足学生的这种愿望与要求,那么学生的学习积极性将会进一步提高,学习的效果和质量也会更高。

在媒体组合教学设计过程中,教师要根据教学目标、教学内容、学生特点等因素确定教学媒体,然后研究教学媒体使用的目的和教学媒体展示的最佳作用时机问题。如果说教学媒体使用的目的是从教学目标的角度出发,研究如何发挥媒体组合教学的优势,那么教学媒体作用的时机则是从学生心理的角度,研究如何发挥媒体组合教学的优势。因此,在媒体组合教学设计中,使用教学媒体的目的和教学媒体的展示时机是密不可分的。也可以说,解决好了教学媒体的使用目的和教学媒体展示时机相结合的问题,也就能够解决好课堂媒体组合教学的设计。

创设课堂教学情境的策略

学生的知识不是单纯通过教师的传授得到的,而是学生在一定的情境中,在教师的引导下自主构建的。而有效地进行课程资源的开发与利用,提高教师在教学设计能力、课堂驾驭和调控能力、合作能力、指导学生学习能力和创新的能力,直接影响课堂教学情境创设的成败。所以,教师要以人为本,合理创设发展情境,提高学生的学习兴趣。

教学情境就是以直观的方式再现书本知识所表现的实际事物或者实际事物的相关背景,是学生认识过程中的形象与抽象、实际与理论、感性与理性及旧知与新知的关系和矛盾。捷克教育家夸美纽斯曾说:"一切知识都是从感官开始的。"又说,"在可能的范围内,一切事物应尽量地放在感官的跟前,一切看得见的东西应尽量地放在视官的跟前,一切听得见的东西应尽量地放到听官的跟前……假如有一个东西能够同时在几个感官上面留下印象,它便应当用几个感官去接触。"虽然这种论述未免有绝对化之嫌,但的确也反映了教学过程中学生认识规律的一个重要方面:直观可以使抽象的知识具体化、形象化,有助于学生感性认识的形成,并促进理性认识的发展。

例如在小学阶段,学生形象思维占优势,教师更应该注重创设情境。例如,有位教师在教面积单位时,为了让学生初步建立1平方米、1平方分米、1平方厘米的面积概念,便让学生说说生活中哪些物体表面的大小约为1平方米、1平方分米、1平方厘米。通过观察、比较、判断,学生基本上知道了一张饭桌面的大小约为1平方米,一个小学生的手掌面的大小约为1平方分米,一个小学生大拇指的指甲面大约为1平方厘米。

教师在教学中将面积单位与学生比较熟悉的物体相联系,使学生对这三种面积单位有了深刻的认识。

"境"是情境教学的一个维度,"情"则是另外一个维度。教师必须用情感激发学生的学习心向,正如有的学者所指出的,从血管里流出来的是血,从山泉里流出来的是水,从一位充满爱心的教师的教学里,流出来的则是一股股极大的感染力。它可以使学生产生同样的或与之相似的情感。

一位小学语文教师在教"奶"字时，亲切地对学生说："看，左边是女字旁，右边像个驼背的人，这就是奶奶的'奶'字。奶奶年纪大了，走路时背弯弯的，还要拄个拐棍。"

这种充满亲情之爱的教学，把本来死板的、不会动弹的文字，变成了有生命的东西，钻进了孩子的脑海里。相反，"如果照着教学法的指示办事，做得冷冰冰的、干巴巴的，缺乏激昂的热情，那是未必会有什么效果的"。这是因为"未经人的积极情感强化和加温的知识，将使人变得冷漠"。在教学中，如果教师上课冷漠，那么学生听课也必然冷漠；教师无激情讲课，学生必然无激情听课；教师无真情讲课，学生必然无真情听课。没有激情，课堂教学就像一潭死水；没有真情，师生即使面对面，也犹如背对背。只有激情和真情才会在师生间产生一种互相感染的效应，从而不断激发学生学习的热情，唤起学生的求知欲，诱发学生进入教材学习的欲望。情感激发是为了给课堂教学提供一个良好的情绪背景，这样学生才能兴致勃勃、兴趣浓厚、兴高采烈。

情感性还指教学情境具有激发学生学习动力的功效。第斯多惠说得好："我们认为，教学的艺术不在于传授的本领，而在于激励、唤醒、鼓舞，而没有兴奋的情绪怎么能激励人，没有主动性怎么能唤醒沉睡的人，没有生气勃勃的精神怎么能鼓舞人呢？"赞科夫也强调："教学法一旦能触及学生的情绪和意志领域，触及学生的精神需要，这种教学法就能发挥高度有效的作用。"

一次，一位语文教师教《凡卡》一文时，讲到凡卡给爷爷投出求助信后，满怀希望进入了幸福的美梦之中，然而这位天真的孩子却不知爷爷是收不到这封信的，因为他连地址也没写上。即使收到了，这位穷苦的守夜人也不可能让凡卡跳出火坑。对于这位九岁的孩子来说，属于他的幸福只有在梦中。讲到这儿，这位教师再也控制不了自己了，眼泪涌了出来，甚至无法讲下去，全班学生竟然在寂静中伴坐了很久，连平时管不住自己的学生，也在这无意创设的情境中被无声的语言"管住了"。

教师入境入情，使学生的心灵受到了触动，起到了见作者之所见，思作者之所思，与作者的情感产生心灵共鸣的作用。下面我们来看一个案例,看案例中的教师在"冷水和热水"一课的开课阶段创设了怎样的教学情景。

师:同学们,在生活中你们见过喷泉吗?

生:见过。(大多数同学)

师:你们在哪里见过喷泉呢?

生1:我在公园里见过。

生2:中山公园里就有,而且是音乐喷泉,那些喷泉随着音乐起伏,可壮观了!

师:老师也看过,的确像你说的那样。不过,这节课呀,老师能在教室里给大家做一个人工喷泉,你们信不信?

生:(有的信,有的不信,但都期待着老师的下一步行动)

师(神秘地拿出一个烧瓶,上面连接一个尖嘴玻璃管,连接处用橡皮塞密封):我就用它来制造喷泉。

(学生露出急切想知道的样子,有的甚至站起来看)

师:我只需要把它放进这个烧杯里,喷泉就会出来了。(老师将装置慢慢放入事先准备的装有冷水的杯子中)

生:怎么没有喷泉呢? (大声质问)

师:(抱歉的样子)非常对不起,老师刚才拿错了烧杯,应该放进这一杯里才行。(拿出事先准备的装有热水的烧杯,并将装置放入)这一次你们一定可以看到了。

生:哇! (生见到喷泉后异常兴奋)

师:(喷泉持续10多秒后)人工喷泉好看吧!可是,在刚才的那个烧杯里为什么不能形成喷泉呢?

生:(很快作出反应)因为前面一杯是冷水,而喷泉只能在热水里才能形成。

师:你真是一个善于观察和总结的同学。同样是水,一杯冷水,一杯热水,在冷水中不能形成喷泉,在热水中却可以,看来,冷水和热水真值得我们去研究研究。(板书冷水和热水)

当教师板书完"冷水和热水"后,就顺理成章地进入后续教学。

此案例中的教学情景的创设,该教师用学生喜闻乐见的喷泉为载体,对三年级的学生来说,有较强的吸引力,学生兴趣高涨。在此过程中教师逐步在学生心中把人工喷泉的形成与冷水和热水建立联系。利用学生急于想看到喷泉的心理,在其中设置一个小小的障碍,让学生脑海里留下深刻的印象。在满足学生的需要之后,又不失时机地用问题引发学生思考,寻找形成喷泉的原因,并为后续进一步探究冷水和热水的特点留下悬念。

课堂情景要讲究随机应变

课堂教学是一个动态的过程,有时会出现一些不可预知的因素,扰乱了准备好的课堂教学设计,影响正常的课堂教学活动,这时候就应该顺势而为,因势利导,随机应变。下面我们来看明正英(四川省自贡市沿滩小学)的一堂课:

美国攻打伊拉克的战火在 2003 年 3 月 20 日北京时间 10:36 正式引燃,全世界沸腾了。那天下午,第一节课,我还没跨进教室就听到孩子们在高谈阔论。看到我来了,有同学就大声告诉我:“老师,美国向伊拉克开战了。”“知道了,你们正谈论这件事吗?”上课铃已经响了,他们还没有闭嘴的意思,我心里早就窝了一肚子气。还好,我克制住了,因为我知道他们是被这场战争激活了思想。我大声宣布:“今天这节课我们就来谈论伊拉克战争问题,好吗?”当然是满堂喝彩。

“关于美伊战争,你最关心的是什么?”我抛出了问题。

“我关心这场战争会不会引起第三次世界大战?”

“我关心美国到底要达到什么目的?”

“我关心战争里的伊拉克难民去向何方?”

“我关心伊拉克油田会不会被全部炸毁?”

……

孩子们对伊拉克如此关心,远远超出了我的预料,因为他们毕竟还是小学六年级的孩子。

“孩子们,老师跟你们一样,十分关心伊拉克战事。我们谴责美国侵略者,同情伊拉克人民。伴随着美英联军空袭伊拉克首都巴格达的爆炸声,你们想到了什么?”

“我想到美英联军的残酷。伊拉克是一个富足的国家,巴格达是一座美丽的城市,却在英美联军的炮火中毁灭了。”

189

"我想到伊拉克人民的痛苦。炮火使无数伊拉克人民失去了安乐的家园,流落异乡,甚至妻离子散,家破人亡。"

"我想到布什的可恶。美国是世界上的经济、军事强国,布什你应该利用自己国家的强大的优势支持弱小的国家,帮助那里的人民生活得更加美好。然而你却去侵略人家小国家,真可恶!"

"我想到的是落后就要挨打。伊拉克以石油出产量大而闻名于世,近几年来,由于各种原因国民经济严重滞后,随之带来的是军事、政治、文化等各方面的削弱,跟强大的美国比起来,简直是天壤之别。所以它要被美国打,就如当年落后的清政府被帝国主义要挟,侵略,割地赔款,人民被任意宰割一样。"

"老师,我还想到全世界一切反战的国家都勇敢地站出来,制止美国的暴行,维护世界和平,还世界人民一片蔚蓝的天空。"

……

多么可爱的孩子,我为他们可爱而真实的思想感到惊讶,没想到这一群平日里嘻嘻哈哈甚至淘气得让人生气的孩子心中装着这么多美好的东西。

"孩子们想得真丰富!那么,你认为我们应该从伊拉克战争中吸取什么教训呢?"趁热打铁,我继续启发他们。

"一个国家,一个民族,只有自强不息,努力壮大自己的力量,才不敢有人侵略他。"

"做为一个中国人,我们应该努力学习,建设祖国,让中国比美国更强大,我们就可以制服美国,不让他为所欲为了。"

"老师,我想给布什打电话,批评他恃强凌弱,算不上英雄好汉。"这时,平日爽直的小刚说道。

我大吃一惊,"打电话?给布什?"

"对。我太气不过了。"小刚气冲冲地说。

"你懂英语吗?"小刚平时上英语课爱讲话,我决定抓住这个机会教育他。

小刚低下头,摇了摇。我连忙说:"所以,学好英语很重要吧?你以后就应该……"

"老师,以后我一定上课认真听讲,多动脑筋思考,打好基础,争取将来到美国去,把他们的尖端科技学回来,武装中国。"这是那个平时学习不太用功但脑子挺机灵的孩子,没想到伊拉克战争触动了他要学习的神经。

"老师,以后,我再也不欺负人了。美国打伊拉克,以强欺弱,可恶。我个子高大,常欺负小同学,我也……"

我真没想到张扬,这个平时被同学们称为"打架专业户"且屡教不改的顽童,居然会在这时候"良心发现"。也许是这场战争的爆炸声击醒了他本就聪慧的头脑吧。

……

"叮铃铃……"下课了,可同学们还在争先恐后地发表自己的意见,都不愿意下课。这节语文课虽然没按计划进行,但我和孩子们的收获却很多很多……

教师在课堂教学中,对意想不到的情况要随机应变、合理引导,这也充分考验了教师的课堂驾驭能力。

注重情景创设的生活性

教师在进行教学情景创设时,还要注重情景创设的生活性。强调情境创设的生活性,其实质是要解决生活世界与科学世界的关系,新课程呼唤科学世界向生活世界的回归。

为此,创设教学情境,应该注重联系学生的现实生活,在学生鲜活的日常生活环境中发现、挖掘学习情境的资源。其中的问题应当是学生日常生活中经常会遭遇的一些问题,只有在生活化的学习情境中,学生才能切实弄明白知识的价值。还要挖掘和利用学生的经验。陶行知先生有过一个精辟的比喻:"接知如接枝。"他说:"我们要有自己的经验做根,以这经验所发生的知识做枝,然后别人的知识方才可以接得上去,别人的知识方才成为我们知识的一个有机部分。"任何有效的教学都始于对学生已有经验的充分挖掘和利用。学生的经验包括认知经验和生活经验。美国著名的教育心理学家奥苏伯尔有一段经典的论述:"假如让我把全部教育心理学仅仅归纳为一条原理的话,那么,我将一言以蔽之:影响学习的唯一最重要的因素就是学生已经知道了什么,要探明这一点,并应据此进行教学。"可以说这段话语道出了"学生原有的知识和经验是教学活动的起点"这样一个教学理念。

当前课程改革中特别强调要从学生已有的生活经验出发。

知识源于生活而高于生活。生活有多么广阔,学习的天地就多么广阔。当前教学改革的重要策略之一,就是把教学与学生原有的生活经验密切联系起来,使他们感到"知识就在身边""生活中到处有知识"。

教学中要创设与学生生活环境、知识背景密切相关的,又是学生感兴趣的学习情境。这样在教师恰当的引导下,学生就会乐于参与观察、操作、猜想、推理、交流等活动。

请看下面的案例:

我在教学"圆柱的认识"一课时,课始我出示的不是形如长方体、正方体、圆柱体的教具,而是出示的是形如长方体、正方体、圆柱体的生活实物,如酒盒子、麻糖盒、化妆品盒、魔方、茶叶盒等。让学生说出它们的名称,并说说长方体、正方体的特征。(结合实物观察演示说明)学生的注意力立刻被生活中这些熟知的事物所吸引,用已有的数学知识去看待生活中的数学问题,学生倍感数学的有趣,一个个不但会说,而且乐于上台演示述说,以展现自我,课堂气氛活跃。

这样创设导入情境,有这样几个好处:其一让学生能初步意识到数学知识与实际生活紧密相连,学会在生活中提炼数学、做数学,在数学活动中学会用数学眼光去看待生活;其二让学生将认识长方体、正方体的特征的方法(从"点"、"线"、"面"三方面入手)迁移到对圆柱特征的认识活动中来。当教师出示圆柱实物时,学生在能识其物时思维便会延伸到去探究认识圆柱的特征,因有了前面的铺垫迁移,学生就能主动地开展观察、操作、交流等有效的自主探究学习活动。在活动的过程中,学生无疑是学习的主人,他们的学习情感是积极的、主动的。

围绕问题展开教学

教学情境有多种类型、形式,其中特别要强调的是问题情境和问题意识。问题是科学研究的出发点,是开启任何一门科学的钥匙。没有问题就不会有解释问题和解决问题的思想、方法和知识,所以说,问题是思想方法、知识积累和发展的逻辑力量,是长出新思想、新方法、新知识的种子。现代教学论研究指出,从本质上讲,感知不是学习产生的根本原因（尽管学生学习是需要感知的），产生学习的根本原因是问题。没有问题也就难以诱发和激起求知欲，没有问题，感觉不到问题的存在，学生也就不会去深入思考，那么学习也就只能是表层和形式的。

所以现代学习方式特别强调问题在学习活动中的重要性。一方面强调通过问题来进行学习，把问题看作是学习的动力、起点和贯穿学习过程中的主线；另一方面通过学习来生成问题，把学习过程看成是发现问题、提出问题、分析问题和解决问题的过程。

这里需要特别强调的是问题意识的形成和培养。问题意识是指问题成为学生感知和思维的对象，从而在学生心里造成一种悬而未决但又必须解决的求知状态。问题意识会激发学生强烈的学习愿望，从而注意力高度集中，积极主动地投入学习。问题意识还可以激发学生勇于探索、创造和追求真理的科学精神。没有强烈的问题意识，就不可能激发学生思维的活跃性，更不可能激发学生的求异思维和创造思维。总之，问题意识是学生进行学习的重要心理因素。

有价值的教学情境一定是内含问题的情境，它能有效地引发学生的思考。问题是根据一定的教学目标而提出来的，目标是设问的方向、依据，也是问题的价值所在。

我们来看"嗟来之食"一课的教学片段：

在课堂上，几乎每个学生都提出了一个自己的问题，如有的学生提出："为什么会发生饥荒？""为什么饿汉那么穷，财主却那么有钱有物？""饿汉为什么说他情愿饿死，也不吃财主给他的食物？"等。在这些问题中，大部分同学都选择了第三题进行讨论。

在讨论中，学生探讨了多种可能性。有一个学生回答"因为他很有骨气，很有尊严"。教师非常敏锐地抓住这个机会，利用学生的话进行引导："对！他很有骨气，很有尊严。可是他已经快要饿死了，你赞成他这样做吗？"新的问题立即又使学生的认识产生了分化。有的学生明确赞成，有的学生强烈反对。在他们分别阐述了自己的理由之后，教师又引导学生提出了一个与此关联、又蕴含哲学意味的问题，即"生命和尊严到底哪一个更重要"。

在激烈的辩论中，有的学生认为生命比尊严更重要，"因为没有生命就什么也没有了"；有的学生觉得，尊严比生命更重要，"因为没有尊严会被人看不起"；还有的学生语出惊人，说生命和尊严同样重要，"因为没有生命就没有尊严，而没有尊严生命就没有意义。生命和尊严的关系就像一个人的手心和手背一样"。

好奇心是兴趣的先导，是学生积极探求新奇事物的动力之一，对于形成动机有着重要的作用。富有创新精神的人往往有着强烈的好奇心。爱因斯坦就曾说，他没有特别的天赋，只有强烈的好奇心。在创设问题情境时，教师要注意在情境中提出问题引发学生的好奇心。例如：

新学期第一堂语文课，我是这样上的：同学们，新的学期开始了，你们知道从这本崭新的课本里，我们将学习哪些新课文？那就请跟随老师一起去这个知识的王国漫游一番吧！首先让我们回到二万五千里长征路上，看看《一碗炒面》是怎样帮助"我"渡过难关，赶上队伍，来到大渡河与红四团一起《飞夺泸定桥》，再随《狼牙山五壮士》一起掩护群众转移，同日寇血战到底。赶跑日寇，我又奔赴朝鲜，参加抗美援朝……

今天的人们正以百倍的热情建设我们的祖国，《深山风雪路上》的邮递员老吕为人民送信二十五年，任劳任怨。《在炮兵阵地上》的彭德怀司令，实事求是，认真检查战备情况。敬爱的周总理为了人民不辞辛苦，在中南海忘我地进行了《一夜的工作》，还有许多像《白杨》一样扎根边疆，建设边疆的边疆建设者，他们都像《挑山工》一样，一心向着目标，步步扎实，坚持不懈地往前走，在工作中像罗丹一样《精益求精》……

阳春三月，正是踏春的大好时节，让我们去观赏景色秀丽的《桂林山水》，观看夕阳西下时，变幻莫测的《火烧云》，走向大自然，去探索《太阳》的奥秘，来到北京自然博物馆古生物大厅，观看《黄河象》的骨骼化石，假想黄河象的来历。这学期，我们还将结识许多古今中外的名人。如：三国时期《草船借箭》中的诸葛亮、七十二变的《齐天大圣》，在《跳水》中沉着镇静的船长，《义犬复仇》中具有正义感的文尔内。绝不做《人有亡铁者》中的丢斧人，疑神疑鬼，冤枉好人。

新学期里《我的心事》很多，我要学会的知识很多，要学会默读课文，学会概括中心思想，学会复述课文，还要写好作文。知识的大门向我们打开，让我们珍惜每分每秒，努力学习吧！

在这个案例中，教师没有向学生提出要求，让学生谈打算，而是来了个"学习指南"，把将要学习的课文，配合相应的图片、投影、课文录音片断，并用生动的语言当了一回主持人，让学生根据教师的解说，从黑板上已写好的课题中寻找，让他们提出自己感兴趣的问题，这样创设的情境，既满足学生的好奇心，又使他们对教材产生强烈的学习兴趣，使学生一上课就被深深地吸引住，取得了先声夺人的效果。为新学期的学习创设了一个良好的开端。

如果说探求"是什么"体现了学生的好奇心，那么，寻求"为什么"则更多地体现了学生的求知欲。求知欲一般由好奇心发展而来，是学生探究、了解自己未知的东西而产生的愿望和意向。在教学中，应该注意在情境中适时揭示矛盾，诱发学生的求知欲。

如教学毛泽东同志的《长征》中"金沙水拍云崖暖"一句时，我先用简笔画勾勒出"水拍云崖"的画面，让学生体会到这是一幅险景，继而提出，既然看到的是一幅险景，那么红军战士心中怎会涌出"暖"意来呢？使学生产生进一步寻找答案的欲望。在教学诗中"更喜岷山千里雪"一句时，我让学生联系过去学过的讲述红军过雪山故事的课文及相关的画面，提出过雪山是红军长征途中最为艰难的历程之一，那么为什么红军战士看到岷山的千里雪景会"更喜"呢？让学生讨论体会到红军历尽千辛万苦终于看到胜利在望时不可抑制的喜悦之情。

在教学中教师根据教材的难点，提出疑点，揭示矛盾，可以有效地引起学生的求知欲，进而形成内在动机。

有效的问题情景是教学的起点，也是学生思维的起点。此外，在创造问题时，问题的难易程度要适合全班同学的实际水平，以保证大多数学生在课堂上处于思维状态。总之，情境中的问题要具备目的性、新颖性和适应性。

制造悬念，创设质疑情境

制造悬念，创设质疑隋境是指在教学中，教师根据教学内容，使学生产生强烈的求知欲望，和浓厚的学习兴趣采取的一种手段。我们来看这样一个教学片段：

师：同学们，为什么猴王和其他小猴子听完贪吃而又自作聪明的肥肥的话后，都笑了呢？猴王是运用什么知识来帮助教育这个既贪吃又自作聪明的小猴子的呢？同学们想知道吗？

悬念是牵制学生思维的线,比如说,小学生好动又好胜,教师就应抓住孩子的心理特点设置悬念。开头的故事情境已经将孩子们的注意力吸引到了课堂中,此时紧接着设置一个悬念,更进一步的激发了孩子的求知欲,促使孩子们投入到学习中,教师可以趁热打铁,诱之深入。

例如,有位教师在进行"能被 3 整除的数的特征"的教学时,一上课,教师就用挑战性的语气说:"同学们,一个数能不能被 3 整除,老师一看就知道,不信,我们可以试试看。"接着让学生随意说出一些自然数,而教师对答如流,学生就迫不及待地想知道"诀窍",想赶快解开心中的"谜"。于是,学生求知若渴的情绪被激起来,产生了强烈的求知欲,学生就会带着浓厚的兴趣去学好这部分知识,成了主动探索者,自身产生的内动力就自然而然地驱使学生主动地攻克难关,学好数学。

建构主义学说认为,有意义的学习并非是简单的被动接受过程,而是学生主动建构的过程。教师为学生创设适宜的情境,有利于培养学生主动参与知识的再创造能力。例如:

在复习《分数乘除法应用题》时,我首先对我的班级的图书角的书作了一些调查,发现图书角有作文书 36 本,故事书 48 本,科幻书有 12 本。我用文字片张贴了这组信息,让学生开展想象,看到这组信息,你会想到什么?这时学生思维活跃,纷纷举手回答:

(1)作文书与故事书的比是 3:4

(2)故事书与作文书的比是 4:3

(3)故事书与图书总数的比是 1:2

(4)作文书是科幻书的 3 倍

(5)科幻书与故事书的比是 1:4

……

学生经过思考能想到许多,教师将学生想到的全部用文字显示出来,在学生众说纷纭,思维处于最活跃处,提出要求,让学生任选 2～3 个条件,然后添加一个问题,编一道分数应用题,用自己喜欢的方法将问题解答出来。比比看谁编得多。这样的复习既联系了生活实际创设了问题情境,为学生建构了学习的空间,又照顾了学生的个体差异,使每个学生在不同层次上得到不同的发展,同时还培养了学生的问题意识和处理信息的能力。

情境创设要有助于学生自主探究、合作交流

在课堂教学中教师让学生进行良好交流,营造合作情境。因为当个人的创新置身于创新群体中时,群体的环境就不可避免地影响到个人的创新活动和创新能力的发展。有位教师是这样做的:

我在教学过程中,十分重视使学生在情境中产生互动,形成相互交流、相互合作、相互补充、相互帮助的良好气氛。如教学寓言《守株待兔》,在揭示寓意时,我指着板上用简笔画勾勒的画面问:"看着这个农人田里长满了野草还在那儿守株待兔,我们应该怎么办?"学生回答应该规劝、教育他。我借机问:"如果你是一位老农,当你看到这位年轻的种田人在那守着树桩等兔子时,你想对他说些什么呢?"接着请一个同学上来当年轻的种田人,让愿意教育这位"年轻人"的"老农"上来教育他。这样一来,就形成了众老农纷纷相劝,共同教育"年轻的种田人"的情景,其间,我又让坐在下面的同学参与劝说,这就形成了生生互动、相互合作的可喜局面。

这个环节"以学生为主体"的意识已经被"唤醒"。可以发现在课堂上透露着很多新课程的精神,例如放手让学生合作学习,通过自身体验,探究新知等。让学生在小组中交流、合作探索的情境中体验,所体验到不仅仅是对知识的感知和更新的认识,更是同学之间情感的交流,思维火花的碰撞。

在教学中,教材是传达学习信息的一个载体和范本,教师应根据学生的认识和已有生活经验,灵活地使用教材。在组织教学活动时,要从学生的经验和已有知识出发,创设有助于学生自主探究、合作交流的情境,使学生通过观察、操作、归纳、类比、猜测、交流等活动,获得积极的情感体验,掌握基本的数学知识与技能,从而进一步发展其思维能力,激发学生学习兴趣,增强学生学习的信心。我们来看看下面的这个案例:

在教学《年月日》时,我首先让学生回家调查爸爸妈妈及自己的生日。上课时借助询问生日加深已有年月日的时间概念,既而又问学生你已经知道哪些有关时间的知识。这时学生都充满着因已有知识所带的喜悦,竞相举手说,"一年有 *12 个月*""一年有 *365 天*""一年有大月

197

和小月,大月有 *31* 天,小月有 *30* 天"……这时我忙表扬他们:"你们真了不起,知道得这么多。你们知道的知识虽然多,但不够完整,这节课我们就来将这些知识系统地整理整理。同学们有不明白的问题也可以提出来,我们共同学习。"立刻便有学生说,"为什么有时候一年有 *365* 天,有时候一年有 *366* 天呢?""为什么二月只有 *29* 天呢?""哪些月份是大月,哪些月份是小月呢?"面对学生提出的问题,我在赞赏的同时及时分发年历卡(不同年份的),组织学生小组合作、自主探究这些问题。从学生生活经验出发进行导入,学生思维不但被已有知识所激活,而且能借助已有知识所带来的自信提出新的问题。教师适时构建学习的平台——分发不同年份年历卡,开展小组合作观察、探究活动。

在活动的过程中,让学生去交流知识,解决问题,获取知识,归纳整理知识,让学生切实地参与了知识的形成过程,这也充分体现了教师是学习过程的组织者、引导者、合作者,学生是学习的主体这一新的教学理念。